MOBILE·INTERNET·ERA

移动互联网时代：
广告链接一切

牛云 著

版权所有　翻印必究

图书在版编目（CIP）数据

移动互联网时代：广告链接一切/牛云著 . —广州：中山大学出版社，2021.8

ISBN 978 – 7 – 306 – 07258 – 0

Ⅰ.①移… Ⅱ.①牛… Ⅲ.①广告—市场营销学 Ⅳ.①F713.86

中国版本图书馆 CIP 数据核字（2021）第 147032 号

出 版 人：	王天琪
策划编辑：	曾育林
责任编辑：	曾育林
封面设计：	曾　斌
责任校对：	梁嘉璐
责任技编：	何雅涛
出版发行：	中山大学出版社
电　　话：	编辑部 020 - 84113349，84110776，84110283，84110779，84111996
	发行部 020 - 84111998，84111981，84111160
地　　址：	广州市新港西路 135 号
邮　　编：	510275　　　传　真：020 - 84036565
网　　址：	http://www.zsup.com.cn E-mail：zdcbs@mail.sysu.edu.cn
印 刷 者：	佛山市浩文彩色印刷有限公司
规　　格：	787mm×1092mm　1/16　8.375 印张　150 千字
版次印次：	2021 年 8 月第 1 版　2021 年 8 月第 1 次印刷
定　　价：	50.00 元

如发现本书因印装质量影响阅读，请与出版社发行部联系调换

目 录

序

海底捞为什么不帮恒大地产卖房子 / 3

核心观点篇

传统广告与二维码应用的两个共识 / 13

核心观点一： 传统企业的核心问题是营销问题，营销是从广告开始的。广告是财富的入口，是客户链接的结点。营销是王道，广告是妙药，能精准获客的广告是灵丹妙药 / 17

案例分享
- 茶叶连锁店如何创新营销 / 23
- 健身房业绩倍增的三种有效广告方式 / 28

核心观点二： 广告不是艺术品，不是用来欣赏的，是用来精准获客和引导客户到店的 / 31

案例分享
- 建筑装饰公司如何迅速提升业绩 / 41

核心观点三： 企业之间的竞争的一个重要部分是广告的竞争，虽然是同样的广告预算，但要看谁的广告更有效。广告竞争的两个维度：投入的资金、精准获客的能力 / 43

案例分享
- 名片水，玩转二维码标签营销/ 54
- 消毒湿巾的营销新价值/ 57
- 烧烤店二维码营销方案，带来20万元会员充值/ 59

核心观点四：什么是真正的客户（客户的核心本质）：获得客户的ID/ 62

案例分享
- 打造互联网＋共享街区，将游客裂变为营销渠道/ 67

核心观点五：移动互联网时代的传统门店获客系统：门店获客、广告端获客、共享获客/ 71

案例分享
- 越是经济环境不好，越要打造良好的体验环境/ 82

核心观点六：把客户和产品变成新的营销渠道/ 87

案例分享
- 二维码说明书的应用实战/ 92
- 酒类产品的创新营销之道/ 93

核心观点七：任何行业的终极产品都是客户关系，产品只为创建客户的链接/ 97

案例分享
- 小店零成本业绩翻倍的三大应对策略/ 100

核心观点八：传统企业的许多创新是营销的创新，而非产品本身。营销创新主要是广告的创新/ 104

案例分享
- 汇源果汁如何"起死回生"/ 107

营销案例集篇

餐饮企业灾后重建魔方：揭秘餐饮行业自救三招/ 111
在移动互联网时代，包装物就是营销渠道/ 118
没有疫情危机，只有经营场景和经营哲学的转变/ 125

序

- 海底捞为什么不帮恒大地产卖房子

海底捞为什么不帮恒大地产卖房子

2020年，突如其来的疫情对地产业、餐饮业、娱乐业、旅游业等传统行业造成了不可估量的打击，有的企业因此一蹶不振，有的企业却能奋起自救。

2020年2月，恒大地产（以下简称"恒大"）在网上卖房引起了巨大轰动，因为3天卖了4.75万套房，销售额达到580亿元。整个2月，其销售额实现1000亿元。这在正常时期都难以达成的指标，为什么在疫情期间，而且是在人们不能到线下去看房、没有业务员引导的情况下实现了呢？恒大到底用了什么神奇的手段呢？

2015年，我曾以恒大营销（那时恒大使用的还是传统的营销手段）为例，告诉恒大如何利用"互联网+"模式卖房子。这次精彩的3天580亿元的自救，完全使用了我所讲的房地产营销模式：首先，恒大在网上创造了一个场景，客户不用亲临现场，只要扫二维码就能看到房屋楼盘的全景。其次，客户可以得到预约看房、买房的优惠券，从而提升购买率。最后，利用二维码还能实现分享营销，客户把海报分享到朋友圈，不但能够实现精准获客，还可以将已成交客户转变为营销渠道。

这次疫情对餐饮行业的打击尤为精准。2020年3月，疫情还比较严重的时候，我受新疆一个城市的餐饮行业协会的邀请（因为我的一位学生认识这个餐饮行业协会的会长），去给当地的餐饮企业讲如何利用新营销模式走出困境。当地400多家餐饮企业全部处于停业状态，因为当地所有小区全部封闭，人也不能出门。我们都很清楚饭店的生命周期，在不营业的情况下,少则1个月,超过3个月基本上就生存不下去了。连海底捞这样的餐饮巨头都宣称在疫情停业期间损失超过11亿元,全年业绩也受到极大影响。

受恒大网上卖房的启发,我突然迸发出一个非常有意思的想法:海底捞为什么不帮恒大卖房子?大家都知道恒大是一家房地产公司,海底捞是一家餐饮企业,两者似乎风马牛不相及,没人会去思考这个问题。任何一家餐饮企业的老板和做餐饮的策划大师,只会告诉你怎么把餐厅开好,怎么把定位做好;任何一个房地产公司的老板也不会这样去思考问题,只会想要怎么把房地产经营好,怎么做楼盘的定位。

如果在正常时期,人们只会想自己眼前的事,没有人会去想有一天公司不营业了会怎么样,因为人们总要买房子。开饭店的人都会想,大街上熙熙攘攘,只要我的饭店有特色,就一定会有人来。可是,谁也没有想到,所有的门店全关了,所有的人都不让上街了。在这种情况下,你能挺多久?

当大潮退去的时候,你才能知道谁在裸泳。那些在疫情期间倒闭的餐饮企业,其实不是因为疫情来了才发现他们在裸泳,而是因为他们一直都在裸泳。海底捞在全国拥有550家连锁店,虽然疫情期间出现资金困难,但是只要开口,就会有很多银行主动去找它们。资本都是逐利的。中小企业若是哭穷要倒闭了,资本是绝对不会多看一眼的。所以,买卖做大了,有的是人"救"你,但是小买卖"死"一万次,都没有人知道你曾经存在过。

疫情期间,58同城宣布部分员工仅发城市最低保障工资,有人认为这是在变相裁员。别说58同城冷血,留得青山在,不怕没柴烧,如果企业都不在了,那么员工也无法继续做下去。像58同城这样的企业,如果没有生意,那么绝对挺不过3个月。

分众传媒整个2019年财年净利润下滑78.9%,疫情让分众传媒更难熬过2020年,因为人们基本都不出门、不进电梯了,谁还会投广告呢?而且关门歇业的企业太多了,美容美发、足浴城、卡拉OK等一家接着一

家地消失。疫情让传统企业措手不及。

那在疫情之下,海底捞和恒大怎么能扯上关系呢?本书主要讲的是当一家传统企业具备互联网思维,能够借助互联网工具打造多维获客和共享获客、建立私域流量池的时候,其产品将得到巨大的突破。

我有一个核心理论叫作"五行能量法",讲的是企业要具有金、水、木、火、土五大核心思维,它们相生相克,不能从单一的角度去解读。例如,金是财富,这个财富不是客户直接给你钱,而是通过消费产品给企业带来财富。很多经营者会认为,顾客是上帝,这肯定是没错的,但是他是你的上帝,也是别人的上帝。顾客为什么能成为你的上帝?是因为你的产品具备独特的消费属性。

就像顾客为什么选择去海底捞吃火锅,不去别的火锅店吃,那是因海底捞的产品形成了独特的属性。所以,谁能创造产品的独特属性,谁就会拥有财富,这是产品本身的层面。而在移动互联网时代,产品还有第二个层面——客户,就是产品本身所创造的衍生产品。这既是一种新的产品,也是一种新的生产关系,而生产关系又会转变为新的生产力,进而去创造新的财富驱动。

尽管海底捞在全国拥有上千万客户,但是疫情之下也宣称熬不过3个月。我的十九大原点思维的其中一条核心理论是——传统企业的核心问题是营销问题。这次疫情也让这个观点得到了极度的放大,深刻表明营销是企业的本质问题。

正常时期,大家可能都在讲企业怎么用股权留下员工,通过薪酬规划、绩效考核,提高员工的能动性和积极性,又是佛性管理,又是狼性管理。疫情之下,你会发现这些所谓的管理学理论通通失效,在不能开门营业的前提下,把东西卖出去才叫本领,所以,营销在任何时候都是企业的重中之重。

营销是由"营"和"销"两部分组成的。"营"是卖东西的场所和场景,"销"是客户。也就是说,客户通过一个固定的场景把东西买走了,形成了一个营销的链条。正常时期,海底捞还得依靠线下的550家店,这是"营";通过良好的营销体验积攒了大量的客户,叫作"销"。

这种完美的"营销"在疫情期间因为没有客户上门而不复存在,大家都知道,海底捞的客户是跟线下店紧密结合在一起的。餐饮行业最大的弊端就是根本没有真正属于自己的客户,当线下店没有人来的时候,客户就随之"消失"了。

为什么叫"海底捞帮恒大卖房子"?如果海底捞有500万客户,可不可以让这500万客户去买恒大的房子?如果你没有属于自己的客户,那怎么帮恒大卖房子?所以,"海底捞帮恒大卖房子"的核心思想是如何实现精准获客,并将客户裂变为营销渠道。无法真正拥有自己的客户,是目前传统企业遭遇营销困境的根本原因。

商业的本质就是向客户销售商品和服务,那么真正的商品和服务是什么?

一般的餐饮店即使不能像海底捞那样开那么多分店,每天也会有几十个客人进来吃饭,规模大一点的饭店也能达到几百人甚至上千人。但是,你有没有想过——这些客户真的是你的客户吗?企业如何知道谁才是自己真正的客户呢?

首先,我们要了解什么叫作客户。在我的十九大原点思维理论体系中,有一个核心理论叫作店铺营销三部曲,第一部曲就是把未知客户变为已知客户。当客人进入你的店时,他们是你的客户;但是当他们离开你的店时,你根本不可能找到他们。所以,要怎样把他们变成已知客户呢?留下他们的 ID。ID 是在互联网上能够联系的方式,简单一点说,就是客户的手机号、微信号、QQ 号,甚至抖音号、头条号。所有的营销场景中,要把客户从线下转到线上,这样,营销的"营"字就有了一阴一阳,阳是线下的实体店,阴则是线上的店。

最近非常火爆的社群营销,其本质就是线上店。什么是社群营销?疫情期间懂社群营销的店现在都活得很好。比如,深圳一家叫作"农耕记"的连锁餐饮店,疫情期间就利用社群营销打造净菜到家,实现了自救。

疫情之下,以前最被传统企业看不上眼的微商大行其道,他们在直播间里,甚至就在自己家里开着美颜直播带货,而那些过去开着奔驰、宝马、路虎等趾高气扬的大老板则变得灰头土脸。这些告诉了传统企业的老板们,拥有线上客户非常重要,必须把线下的客户变成线上的客户,进行线上、线下的营销互动,才能牢牢地把客户变成你真正的客户。

传统企业特别是大公司,诸如海底捞、西贝、万科、碧桂园等,他们目前还没有这样的思维,他们靠资本品牌,等到上市圈到钱之后,靠砸广告去获利。一旦线下客流断掉,基本上很难存活下去。中国饭店的主要客源不是来自普通家庭,而是基于独特的呼朋唤友的餐饮文化。疫情之下,人们不能到你的店里去消费,当成本不断攀升时,你必须学会如何进行客户资源的有效把控。

以下三条,肯定能够帮助传统企业的老板们打开思路。

一、企业要有真正的客户

以海底捞和恒大为例,你要真正地管控自己的客户。管控客户其实很简单,例如社群营销,把所有客户拉到微信群里(可以建几个群),每天在群里发优惠券,或发一个特价菜,让大家去抢;也可以利用快印客大转盘、砸金蛋游戏(线上互动营销工具),发一张奖券到群里。

传统企业的最大问题是没有意识到移动互联网工具对营销产生的巨大改变,依然把所有的精力放在线下。如果海底捞把500万用户导到恒大帮恒大卖房子,会怎么样?

恒大网上卖房给的是1%的佣金,平常情况下,恒大跟房产中介合作一般给的是3%的佣金。以海底捞的品牌影响力,完全可以跟恒大谈到2%的佣金甚至更高。可是,为什么海底捞做不了这件事?因为海底捞根本就没有真正属于自己的客户,海底捞线下店一关,所谓的500万客户资源就会"灰飞烟灭"。所以,如果海底捞具备互联网营销思维,那么它第一个要解决的就是客户问题。

恒大为什么可以在网上卖房？因为恒大在今日头条、抖音等渠道上大量地投广告，通过用户注册获得了大量客户的 ID，这样的客户才有用，没有 ID、没有留下数字身份的客户没有任何意义和价值。然后，让这些客户来进行转发分享，裂变更多的营销渠道，这样才能把房子卖出去。

二、客户关系才是企业的真正商品

我们要真正理解什么是客户关系，客户关系就是商品。很多年以前，我在讲课时就提出这个观点，所有行业到最后卖的都不是产品，而是客户关系。所有行业的产品创新到最后都不是商品本身，而是通过商品所创建链接的客户关系。

小米绝对不是卖手机、路由器、体重秤的，小米是卖"米家"的，米家 App 将所有的产品连接起来，形成一个物联网。在这个物联网上获得的客户组成了小米的一个客户群落。所以，小米再生产出任何产品，哪怕一支圆珠笔，都可以依托这个群落来进行纵深营销。目前，小米还只悟到了初级的点，还没有真正把客户关系变成一种新的玩法。小米为什么不把它的客户导到恒大去卖房子？因为小米不懂客户关系。

术业有专攻，新营销就是在移动互联网时代使用技术营销工具与传统广告载体和媒介相结合，创造一种新的营销领域，这会让广告营销界重新洗牌，淘汰掉那些"老学究"，淘汰掉那些固化思维的人。

目前，海底捞只做到了餐饮行业的前两个阶段，第一阶段是好吃，第二阶段是体验，而第三阶段才是客户关系。如果有一天，海底捞在帮房地产企业卖房子、帮健身房进行推广、帮美容美发机构、高端国际旅游机构发体验券，才算真正明白什么是客户关系了。海底捞如果在不能营业的时候，把客户关系导到能够营业的场景实现消费，那赚到的钱可能比店面营业的时候还要多。

当下互联网技术已经非常成熟，如果传统企业具备这样的营销思维，可以很容易实现。马云在 2017 年第三届世界互联网大会开幕式上发表演

讲,说未来30年属于用好互联网技术的国家、用好互联网技术的企业和用好互联网技术的个人。"工欲善其事,必先利其器。"今天的"器"是什么?不是富丽堂皇的装修,不是高高在上的品牌,而是"永不消失的电波"——源源不断创建的客户链接,不断地唤醒客户的潜在需求。

三、共享客户资源

共享客户资源跟第二条有异曲同工之妙,就是我的客户贡献给你,你的贡献给我。我们的客户贡献给第三方,第三方客户贡献给我们,彼此共享客户。

西贝原本储备了大量货物,并留下1万多名员工应对2020年新春营业,结果因为疫情无法开业,员工回不去,而且营业的时间不确定,也不敢把员工放回去。这1万多名员工住在宿舍里,仅每天的吃喝都是一笔巨大的开支,而且所有员工的工资还要照常发放,所以西贝第一个跳出来说账上现金流扛不过3个月。

就在这种非常时期,"共享员工"的模式显示出了威力。盒马鲜生因为服务人员不足,隔空喊话,希望其他餐饮企业的员工"临时"来上班,并支付相应的劳务报酬。所以,西贝就借了1000多人给盒马鲜生,解其燃眉之急。不仅西贝,云海肴、青年餐厅、奈雪等30多家餐饮企业都与盒马进行了合作。

把闲置员工安排到人员不足的企业上班,这种共享员工的模式只是共享模式的最低层面,它能创造的价值极其有限。共享的高级层面应该是客户,因为客户可以任意输出,如我跟500家企业合作,我的客户可以输出到这些企业中。

疫情期间的受益者除了聊天社交软件,还包括游戏、视频网站,据说《王者荣耀》的注册量比之前增加了几倍,视频网站的注册量也每天增加好几倍,连电视的收视率都比以前提高了。所以,如果你有客户,是不是可以把你的客户转到优酷去注册会员,转到QQ音乐去注册会员,转到游戏公司去推销游戏呢？当然可以！

因此，只要企业有流量池，就可以进行客户的任意转化，就算主业没有营业，也绝对不会影响收入，并且收入会因为客户转化变成"多维度"。这叫"守正出奇"。《孙子兵法》有云："凡战者，以正合，以奇胜。"所以明白什么是真正的客户、真正理解客户关系、学会共享客户的"输送"非常重要。把这三点理解透了，相信你一定能够触类旁通、事半功倍。

就在本书即将付梓之际，收到最新数据：

（1）恒大地产2020年较2019年销售额提升20%，全年销售额7232.5亿元，完成全年销售目标的111%；销售面积同比增长38.3%，销售回款同比增长38.5%，全年回款率90.3%。

（2）海底捞2020年净利润较2019年下降90%。

接下来，我将从原点思维的八个方面详细阐述营销的本质，相信诸位看完之后，一定能够明白如何利用"互联网+"技术工具实现精准获客，裂变营销渠道，并且触类旁通，让你的生意事半功倍，更上一层楼。

核心观点篇

- 传统广告与二维码应用的两个共识

传统广告与二维码应用的两个共识

在正式阅读本书原点思维八大核心观点之前，读者首先必须达成两个共识，才能更好地理解本书的相关理论观点，最终实现融会贯通，快速掌握新营销理论和移动互联网技术，因地制宜地应用到广告实战中。

一、传统广告不但不会消失，而且会越来越有效

只要有实体店，就会有门头、海报，只要有商品，就会有包装、展架、店面陈列，所以除非实体店消失，否则传统广告一定不会消失。在当前国家大力打击互联网垄断的市场形势之下，在传统经济是中国经济发展的原点这样一个大的共识之下，传统广告不但不会消失，而且会越来越显示其独特性和重要性。也就是说，未来客户的竞争一定是线下客户的竞争，而线下获客的唯一通道就是广告，如平时见到的门头、名片、海报、灯箱、展板、展架。一家房地产公司的售楼处需要通过广告的堆叠，最终推动楼房的销量；一家饭店如果没有门头、优惠券、社区的海报，就没有办法营业。

但是，受互联网行业从业者的理论影响，很多传统企业、线下店铺放弃了对传统广告的坚守，片面地认为移动互联网时代来临，传统广告已经无效，而单纯地使用电子名片、二维码点餐，却忽略了店内营销环境打造中最重要的板块，即广告的陈列和展示。所以，现在顾客去饭店，很多饭店变成了二维码点餐，但是利用二维码点餐会导致餐饮店销售额

至少下降30%以上,这是传统餐饮业老板所意识不到的。这些问题在本书中都会让读者得到满意的解答。

二、二维码是线下实体店获客的唯一入口,传统广告印刷品必须放二维码

第二个共识是基于第一个共识的延伸阅读,明白这一点,有助于进一步理解接下来八个观点的阐述。为什么说二维码是线下实体店获客的唯一入口?使用二维码的前提是传统广告不会消失,因为传统广告是线下实体店获客的主要入口。二维码本身并不神秘,它是用某种特定的几何图形记录数据、符号等内容,背后实际上是一个网址。二维码主要是为了满足移动互联网下人们使用手机阅读的习惯,打开手机扫一扫二维码就能识别网址。过去要在手机上输入一个网址,不但麻烦,还容易出错,而且非常浪费时间,所以二维码应运而生。二维码属于条形码的一种,起初它的作用是为了描述商品的特征,但是后来到了中国,在中国人强大的商业智慧的推动下,其商业价值得到了充分的挖掘,变成了移动互联网下营销的工具。

传统广告只有放了二维码之后,才能满足和实现下面这四个特征。

1. 获客

借用二维码让人们产生延伸阅读,所以只有扫了二维码之后,平面广告才具备进行纵深阅读的前提。如果没有二维码,就没办法实现纵深阅读。

2. 有了二维码,传统广告才能突破幅面的限制

众所周知,传统的广告都有幅面的要求,但是二维码里面则可以放入丰富且无限的内容。

3. 有了二维码,广告就有了互动性

比如,一个英语培训机构要发一张免费听课的券,传统广告业可以

告诉客户到这里可以免费听课，但是到底能不能免费，免费需要具备什么样的条件，只有客户到了线下实体店之后才能真正感知到。也就是说，在没有二维码的传统广告时代，只有客户进店才能影响客户的消费观，营销从客户进店之后才能开始。但是，有了二维码之后就完全不一样了，二维码变成了获客的重要场景。二维码所到之处，就是分店所到之处。把同样的广告贴在饭店周边社区的电梯里，有二维码的海报，人们通过扫二维码就能领取优惠券。比如，领到一家英语培训机构的免费试听券。这样一来，营销场景就从线下的英语培训机构转移到社区电梯里的广告端了。这叫"广告端获客"，在接下来的八大核心观点中会有详细的阐述，所以只有二维码才能实现这些功能，没有则无法实现。

4. 二维码符合移动互联网时代老百姓的阅读习惯

当下智能手机盛行，没有人会静下心仔细去看广告上的每一个字，去揣摩图片上的内容，所以今天广告的设计原则是：简单粗暴 + 二维码纵深营销。

有人会说，现在满大街都是二维码，放了二维码也没有人扫。错！二维码没有人扫，是因为你不会正确使用二维码。我的前一本书《一个新广告人的自白》以及"牛云说营销" App 当中，对如何正确使用二维码都有详细的阐述，我在这里再强调一下。

二维码正确使用包括三大核心要素：第一，二维码下面必须有引导话术，没有引导话术这个二维码就不会有人扫。当然，引导话术用错了也不会有人扫。第二，二维码里的内容必须是所见即所得，关注公众号这种方式百分之百是错误的，没有人会去关注公众号，下载 App 也百分之百是错误的。第三，印刷位置很重要，虽然很多传统企业老板也意识到了二维码的重要性，但是大部分二维码放的位置是错误的，导致没有人能够意识到广告的主体是二维码。

满足了这三个要素之后，二维码会成为传统广告的核心入口。也就是说，传统的平面广告、印刷品、海报、灯箱、名片、易拉宝、X 展架、快幕秀、企业宣传画册等传统的广告印刷品，设计原则只有一个：一切

设计要素、一切设计文字，只为引导客户扫码。因为只有扫码才能让广告突破篇幅限制，才能创建客户的链接，才能与客户进行互动；否则平面广告只是一个平面广告，谁阅读了你的广告，你根本就无法知道，也无法去进行介入式干扰。广告必须能够介入式干扰，就是说你要介入这个广告，和广告的阅读者产生互动。如果无法实现，这个广告就是无效的广告。

所以，读者必须深刻理解上面所阐述的两条，这样才能体现本书真正的价值，起到应有的作用。

核心观点一

传统企业的核心问题是营销问题,营销是从广告开始的。广告是财富的入口,是客户链接的结点。营销是王道,广告是妙药,能精准获客的广告是灵丹妙药。

· 观点图片

"发展是第一要务,人才是第一资源,创新是第一动力。"我所理解的发展就是营销,就是把东西卖出去,通过交换商品获得更多的财富。

比如，国家之间谁发展得快，比的就是哪个国家卖的东西多。因为全世界衡量财富的标准都是与黄金相对等的等价物。比如，美国国力强盛，所以美元能够成为全世界统一结算的货币。

各个省之间比较谁发展得好，主要是看地区生产总值。目前，中国最赚钱的城市是北上广深，它们的排序也是由每个城市所创造的地区生产总值来决定的。因此，国家之间比较的是营销，各个省之间、各个城市之间比较的也是营销，各个企业之间比较的还是营销。

所以，发展的体现形式就是营销，而所有的营销都是从广告开始的。比如，一家企业开业，不管是超市、餐饮店、酒楼还是健身房、美容店、广告店，第一件事情就是做门头，然后印制宣传单页、名片、招聘海报、产品目录册等，最后派人去发宣传单，或者派几个服务人员举牌招揽客户。

例如，一家健身房开业，在安装好门头、印好宣传海报之后，一定需要招募业务员到马路上、周边社区等地方去发放宣传海报，或者举牌、拉条幅招揽客户。总之，企业要通过各种各样的广告方式，让客户知道附近有这样一家店正在营业，并通过门头标识快速找到店面。广告是百业之王，是商品和服务转化为财富的唯一入口，是链接客户的结点。

所有的营销都需要通过广告，从某种具体的广告品类开始。如果没有广告，世界就没有营销，就根本不会有财富产生。一家店面如果连门头都没有，肯定无法创造财富。当然，这是指那些有线下门店的传统企业。

有人可能会说，互联网企业不需要广告，这更是大错特错！我们拿"双11""双12"来说，一家传统企业在互联网平台上参加"双11""双12"的促销活动，只有在向平台支付一定的广告宣传费用之后，才能让排名靠前，以此引来流量。

线下商场也需要利用"双11""双12"的噱头招揽顾客。例如，深圳茂业百货每年这个时候都会举办连续36小时、48小时甚至72小时的狂欢活动，通过传统的广告。比如，店内的海报、店外的LED广告屏、

地铁广告、车体广告、社区广告等，触达更多的客户。还要通过互联网广告扩大宣传影响力，告诉大家这里72小时营业，吸引人们前来购买商品。

众所周知，不管是线下店铺还是线上店铺，只有当客户进入店铺买了商品之后，商品才能转化为财富。如果没有广告，客人不看宣传单、不看名片、不看门头，根本就不会进到店铺里来，自然就不会有财富的转化。所以，广告是财富的入口。客户因为进到店里，创建了新的关系，可以把他们理解为生产关系。这个关系在移动互联网时代会具有非常特殊的意义。

比如，淘宝这样一个互联网平台，只要客户进入平台上任何一家店铺中，淘宝就会用技术系统把它们链接起来。所以，你是这家店铺的客户，也可能是其他店铺的客户，客户在服装店中可能领到一张健身房的优惠券，也可能领到一家饭店的优惠券。

广告是传统企业的一扇财富之门，而在移动互联网时代，这些链接的结点，尤其是线下的传统企业如何链接客户呢？通过广告物料上的二维码或者小程序来创建客户链接是最便捷的通道。因此，擅长在传统的门头、宣传单、名片、海报、优惠券等广告载体和介质上植入二维码的企业，在这个时代会生存得很好，能够创造巨大的财富，因为他们使用了互联网技术。在我的课程体系中，这叫作"广告技术营销工具"。

在移动互联网时代，我们可以把广告技术营销工具理解为一种通过二维码形式来呈现并实现精准获客的工具。这个二维码印刷在门头、名片、海报、DM单、快幕秀、条幅上，客人看到这些广告品类，然后扫上面的二维码来和商家产生互动关系。比如，扫码领取一张优惠券，扫码领取健身房一节免费体验课，扫码领取美容机构的优惠套餐，等等。

在这种创新的广告模式下，当1个客户、2个客户、100个客户扫了二维码，那么这100个客户就能通过这个二维码创建链接，这种模式就是传统企业私域流量的入口，链接之后就会形成一个流量池，这些流量池相互关联、彼此互动。营销，这是当下传统企业的核心问题，而如何创

新营销模式,更是传统企业能否成功转型"互联网+"的关键。

那么,什么是"互联网+"呢?"互联网+"不是简单的网上购物,是传统企业依托原有客户、原有店面资源,借助移动互联网工具所打造的线上、线下互动营销的新模式,其本质是一种营销的创新,而这种营销的创新是通过广告来实现的。这个解读到底准不准确?我们来看一下"互联网+"的前身是什么,因为不可能凭空造一个"互联网+"的词出来。"互联网+"是2015年由腾讯公司CEO马化腾提案,在当年的"两会"后第一次被写入政府工作报告,李克强总理宣读时对"互联网+"做了相关阐述。

这个提案的依据是什么呢?我们来看一下2015年之前,和"互联网+"相关的概念是什么。我认为是O2O(Online To Offline)。"O2O"是一个舶来语,被海归、创业者引入中国,其本质是线上、线下互动营销模式。互联网是一个非常潮流的领域,因为"To"和"2"的英文发音一样,因此这些留学生在写简称时,就翻译成了O2O,这个"2"不是数字,而是英文"到达"(TO)的意思。所以,互联网有很多新词,中文和英文夹杂在一起,如果不了解背景,就很难深刻理解它的具体含义。

自2012年"O2O"这个词被引入中国以后,就有很多争议,海归、留学生以及各个不同派别的解读是不一样的。当时,我们深圳电子商务协会就经常讨论这个话题。直到2014年,有新闻记者问李克强总理:"您是怎么理解'O2O'的?"我记得李克强总理当时的原话是"把传统企业线上、线下的互动营销搞得红红火火"。从2015年之后,一个新词闪亮登场,就是"互联网+"。我认为"互联网+"就是"O2O"换了一个马甲,也就是说一个英文词,在中国特殊的环境之下,变成了一个中文词,叫作"互联网+"。

"互联网+"就是中国的太极"阴阳之道","阳"是实体经济,"阴"是互联网经济。"互联网+"就是"阴"中有"阳","阳"中有"阴",这个"阴阳"不仅仅是指传统企业和互联网,而是指在实体经济当中如何融入互联网思维,在互联网思维中如何融入实体经济的思维。于是，就有了京东小店、天猫小店、盒马鲜生这些在线下开的实体店。

· "互联网＋"的"阴"和"阳"

这是互联网经济中融入了线下店铺的思维，那么线下店铺要怎么融入互联网思维呢？我认为，在目前新经济业态的前提之下，在移动互联网大潮之下，互联网企业的转型思维、对新工具新理念的运用思维远远超过传统企业。所以，很多传统企业至今还没有转过型来，或者说还没有充分意识到"互联网＋"作为一种工具，如何影响传统企业的获客渠道，传统商品及传统商品的体验环境的改变。这是我写这本书的根本原因，也是国家从 2015 年到 2020 年在历届政府工作报告中，每一次都会提到"互联网＋"的原因。

2020 年，李克强总理在政府工作报告中说的是：全面落实"互联网+"。所以，我认为"互联网+"就是"O2O"的一种新解释，是传统企业线上、线下互动营销的新模式，这种新模式也就是传统企业的店铺。我们讲传统企业的"阳"是线下店铺，传统企业的"阴"是传统企业依托于线下店铺所建造的流量池，这个观点很重要。因此，对于传统企业来讲，"互联网+"是一个闭环，既要有线下的"阳"，还要有线上的"阴"，"阴阳"互动，才能形成一个新的闭环体系，这个就叫"互联网+"。所以，"互联网+"是一套混合系统，是一种广告营销的新模式。而这种新模式必须有一个载体，它的获客通道是从线下实现的。

因此，利用传统广告与广告技术营销工具的完美结合，帮助传统企业打造"互联网+"是十分必要的，这也是我写这本书的一个重要出发点。本书通篇阐述的内容都是传统企业如何利用移动互联网工具，借助传统广告印刷品的媒介和载体，打造私域流量，创造线上、线下互动营销的新模式，进而去抗衡那些大互联网企业平台对传统企业的制衡甚至毁灭性的打击。

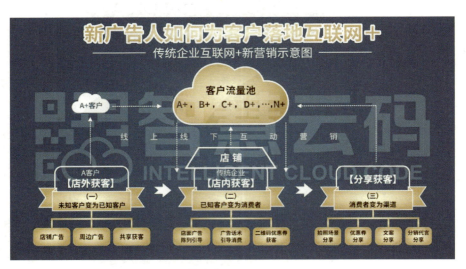

• 互联网+：线上、线下互动营销模式

茶叶连锁店如何创新营销

市面上有很多茶叶连锁品牌，包括这些年上课时我一直在讲的小罐茶，他们的营销更多的是基于包装方面的创新营销。当下很多茶品牌连锁店的营销非常传统化，仅仅依靠品牌影响力和卖场的陈列，还没有意识到在移动互联网时代营销应该发生的改变。

茶与酒同源，酒是友情文化，茶是待客文化。中国人讲"万丈红尘三杯酒，千秋大业一壶茶"，做生意、交朋友都离不开茶和酒，他们的营销也有异曲同工之妙。本节，我将从四个方面讲解茶叶连锁店怎么做营销。

1. 店面打造

茶的体现形式一般都是连锁店，但是八马、天府茶业等大品牌连锁店的营销，还停留在店面场景营销的阶段，在体验营销的角度还有非常巨大的提升空间。

我经常讲店面的陈列装修非常重要。快印客推出的码客汀互联网+技术营销体验店（简称"码客汀"），从店面定位到店面的装修风格走的都是轻奢风，致力于打造广告快印行业的新标杆，一家人人进来都想坐一坐的广告店。码客汀里有温馨的茶吧、咖啡吧，坐在店里喝茶、喝咖啡会成为走进码客汀的客户的消费常态。到别的广告店，可能连坐的地方都没有，环境也是脏、乱、差，店面陈列就更不会有了。

所以，未来颠覆茶叶连锁店的不一定是来自这个行业的竞争对手，而有可能是码客汀。2024年，我们的目标是在中国开2万家这样的新型广告连锁店，每个加盟店里都有茶叶专区，实现茶叶品定制、包装定制、茶产品的企业化定制，打造可以精准获客的茶名片。

店面升级具体要怎么做呢？最重要的一条是打造拍照场景。这是移动互联网时代下所有线下实体店最基本的入门级营销手段，将店面变成网红打卡地，消除人们的压力，让客户产生亲近感，自然地想走进去坐一坐，提升客户的体验。客户进店后，一定要让客户留下ID，这就是店铺营销三部曲中的把未知客户变为已知客户。

在茶叶店里放置漂亮的茶桌、茶台，设置漂亮的背景，让进店的客户本能地想坐下来拍照，就像饭店的入门级营销不是教服务员如何端盘子，而是教服务员如何为客户拍照，将店面的背景、饭店的logo巧妙地植入照片中。因此，茶叶连锁店一定要打造店面体验环境，打造线下体验店，营造客户隔一段时间就想来逛逛的感觉和氛围。要充分理解茶的属性：待客文化。

2. 升级包装物

综观目前茶品的包装，包括小罐茶在内，都只停留在好看的层面，没有进入获客的层面。茶叶的包装必须变成获客的入口，升级包装物就是让包装开口讲话，让包装物成为流动的专卖店和移动的业务员。

虽然目前大部分茶包装上也有二维码，但是放的都是公众号，这是没有用的。二维码必须符合三个要素条件：第一，要有引导话术，且无限趋近于原点思维；第二，二维码的内容必须所见即所得；第三，二维码的印刷位置一定要正确。

茶叶的包装设计不能还停留在工业化时代，而应该结合移动互联网时代的思维。加二维码具体有两点功能：第一，识别客户；第二，链接客户。

比如，一款来自云南的红茶，扫二维码可以了解这款红茶的生产环境、冲泡方法、客户见证案例，还可以让客户领优惠券，抽奖中体验券。传统的广告无法追踪客户，数字化时代可以通过数据进行客户识别和追踪。所以，在移动互联网时代，客户只有通过扫码才能进入你的世界。比如，生产环境、生产车间、全景展示等，不扫码，客户就只能停留在平面世界。因此，在移动互联网时代，营销策划的核心一定是获客。把全部的精力放在包装设计上，一定是错误的方法。

3. 分享营销

快印客的加盟店在做农产品的时候，大量使用了分享营销的功能，分享营销的实质是搭建新的销售渠道。茶叶属于农产品，所以茶叶也可以像酒、蜂蜜、大米一样做分享营销，这类快消品很容易让人们产生消费，从而变成产品的代言人，而快印客有一套快速实现分享营销的强大技术系统。

例如，一款武夷山的大红袍，客户在扫了包装上的二维码完成购买之后，就成为一个代言人。客户把这款茶的海报分享到朋友圈，如果有人扫了海报上的二维码并成功购买，客户就能享受10%的佣金（比例你可以在后台任意设置），这样，每一个消费者就变成了茶产品的销售渠道，进而变成茶叶店的分店，变成业务员，这才是营销的最高境界。

如果一家茶叶连锁店有2000家加盟店，每一家加盟店一天进来10个客户，就有2万个客户，2万个客户背后就是2万个代言人，这2万个代言人还可能给你带来2万个客户。传统连锁店的思维是不断地开更多的新店；而移动互联网时代的思维是不断地把客户裂变为分店，再不断地呈几何级地裂变，这个速度是疯狂的。当然，前提是产品一定要好。

茶叶店的客户有两个维度：一个是高端客户，另一个是正常的企业客户。营销的目的是引导客户到店，产品在移动端成交，一定要是亲民的产品具备亲民的价格，体验的产品具备体验的价格，剩下的高端客户要引导到店面来成交。如果一斤茶叶卖100～500元，很容易通过朋友圈就成交。但是，如果1万元一斤，那么客户绝对不会在朋友圈买。所以必须要引导客户到线下店，通过感受店面的环境、员工的介绍，体验茶的文化，这样才容易让客户产生关联消费。

茶叶店的销售有两个维度：一个是移动端的维度，另一个是线下端的维度。两个维度要实现线上、线下的互动营销，这就是"互联网+"。两个维度全部都要做好体验性，但核心还是掌握移动互联网应用技术。广告是按照场景投放的，不同的场景应该使用不一样的广告技术。快印客的智慧云码营销技术系统包括数十种应用工具，能够在不同的场景中实现互动组合应用。

移动互联网时代下的营销和客户的消费模式正在发生改变，链接模式、入口也在发生改变，企业老板一定要明白没有经济危机和疫情危机，只有经营场景和经营哲学的转变。当"道"不同的时候，"术"自然就会不同。传统企业一定不能故步自封，而应该积极补充移动互联网营销学的课程，更好地经营企业。过去传统茶叶连锁店的营销是从客户进店才开始，今天在广告端就已经开始的，广告端获客能够精准地捕捉客户，客户在领取优惠券的那一瞬间，已经被企业掌握在手里。

· 传统茶叶店与新模式茶叶店的对比

4. 共享客户资源

共享很重要，海底捞虽然有550家店，同样有几百万的客户，但是不了解客户的数字身份，客户在海底捞只是数量不是数据，而淘宝、美团、饿了么等互联网平台对客户的身份的认知是数据而不是数量，传统企业最大的问题就在于对客户的认知还停留在数量上。今天进店的人挺多，但是过两天就没人了，人去哪儿了不知道，谁来过也不知道，只知道一天的营业额是多少。反观互联网平台，每一天来多少人全部清清楚楚，通过ID、电话号码、家庭住址实现精准的数据营销。

传统企业老板必须要重新树立对客户身份的认知，这样获客的场景将发生改变，产品也会发生改变。一个在全国拥有数百家店的茶叶连锁品牌可能有数十万的客户可以输送给别人，为什么不能帮恒大卖房子呢？比如，在茶叶包装的二维码里推送某个房地产公司的广告，免费领取一家健身房的优惠券，免费领取一个化妆品牌的体验装。

做好茶是本分，但是营销需要"守正出奇"，通过建社群、建圈子、建茶友会、建共享卖场，利用广告输送客户给别人，同时别人也可以输送客户给茶叶店。把茶叶变成圈子，要懂得把茶叶变成茶名片，打造定制化的茶叶产品，发宣传单没有人要，发茶名片客户一般不会拒绝。

未来，所有快消品最终都会走向定制化名片这条路。发一包茶叶给客户，不仅要让客户觉得这个茶叶好，更重要的是把客户变成渠道，带来更多的客户，实现纵深发展。名片茶就是在产品上放一个营销型二维码，可以实现获客，可以领优惠券。企业还可以在二维码里植入定制入口。比如，A企业定制一批茶叶送给客户，这个客户觉得这个茶叶非常适合做礼品，可以直接通过二维码里的在线定制系统，定制属于自己企业的茶，消费者不断地裂变为渠道，包装物不断地裂变为渠道，这样生意就会越做越好。

结语：

做好上述四条，相信茶叶品牌连锁店一定能够朝着正确的方向发展，最终通过营销型二维码把所有的客户链接起来，打造私域流量池，连锁店最大的特征就是总部把所有的分店、加盟店获得的流量，汇聚成一个总的私域流量池，实现统一调配。

比如，生产20种茶，每一种茶的包装上放一个二维码入口，从而链接另外19种茶，链接所有茶叶的消费者，让这个私域流量池随着客户流量的扩大而不断扩大，茶企通过任意分配输出这些流量。比如，可以输送给碧桂园、恒大、新东方、某一个大的化妆品品牌等，在待客之道的文化基础上创建客户链接，然后形成一个共享的巨大卖场，这才是茶叶连锁店营销的未来之路。

移动互联网时代：广告链接一切

健身房业绩倍增的三种有效广告方式

传统的地推方式给健身房带来的业绩越来越不容乐观，很多时候地推人员发宣传单会被拒绝，这种情况严重地打击了地推人员的自信心，对业绩增长非常不利。究其原因，是传统的地推营销方式早已无法满足移动互联网时代的客户需求。怎样让广告变得更有价值？我为大家分享健身房业绩倍增的三种有效方法。

1. 升级广告营销策略

除了常规的海报设计，聘请健美的帅哥、美女为客户提供解决方案，举办免费体验课，最重要的是发放二维码传单，做到精准识别客户。在广告物料上加上营销型二维码，利用健身房720°全景展示，让客户在线体验健身房高端的场景。同时，可以加上优惠信息，凡扫码关注即可获得免费健身指导一次、免费减脂方案一次等。

· 健身房二维码宣传单

2. 打造共享健身房

此处的"共享"是基于场所的所有参与者的游戏,是普通人、会员、生意伙伴之间的共享,把健身房的生意变成大家共同参与的生意。健身房可能成为一个投资的平台,通过健身房可以开发更多优质的项目,这些项目的利润可能比开健身房的利润更丰厚。

·饭店共享广告墙上的健身房广告

3. 分享营销

首先,让健身房所有的销售迅速裂变为团队和渠道。每位销售人员都有专属的二维码,别人扫了他的二维码,就成为他的客户,可以精准识别身份。当客户到店消费时,就能明确是哪位销售人员的客户。而有了专属的二维码,就可以充分调动销售人员的积极性,发动自己的亲朋好友,为自己的业绩增长助力。

· 销售二维码名片

其次,让健身的会员裂变为渠道。通过分享链接的方式,让会员成为渠道。只要会员给你带来客户,你就可以给他延长会期,或者做一定数额的让利,或者直接给他兑付现金,在营销型二维码中设定好相关的数据,就能完成这样的操作。

最后,让所有的合作商家通过客户识别返佣的方式裂变成渠道。

核心观点二

广告不是艺术品，不是用来欣赏的，是用来精准获客和引导客户到店的。

- 观点图片

广告的发展经历了很多阶段。目前，随着信息技术的不断发展，越来越多的传统广告突破幅面和空间的限制，呈现出越来越多元化、个性化、功能化的发展趋势，结合二维码技术应用工具的新广告横空出世。

一、传统平面广告的功能和缺陷

据有关资料记载,第一个传统广告的体现形式叫作"幡"。我们经常在影视作品中能够看到幡,《水浒传》中林冲夜宿山神庙,去酒馆买酒御寒,看见竹帘子外面支了一根竿子,竿子上面挂了一块布,上面写了一个"酒"字。武松到景阳冈上山打虎前,喝酒的那个酒店外也挂着酒幡。这是传统的酒幡,属于传统广告的范畴。

传统广告发展到现在,是通过图片展示、文字信息、颜色搭配、符号设计等元素,让人们产生联想,从而激发对产品的潜在需求。传统的广告介质包括各种各样的印刷品,如条幅、门形展架、X展架、易拉宝、快幕秀、灯箱布、亚克力、KT板、雪弗板等。

但是,传统广告受制于幅面的限制,只能通过文字、图片、颜色这些设计元素达到目的,所以必须把它做得像艺术品一样。例如,一张幅面为60厘米×80厘米的房地产海报,就会尽量利用有限的幅面做出最好的设计,从而吸引客户的注意。这张海报可能是一家三口站在阳台上眺

• 新广告和传统广告的五大区别

望远方,远方是一片美景,以此让人们产生联想,表明住在这个房子里会是幸福的。

在移动互联网时代,新广告模式应运而生,它和传统广告有着本质的区别。在我的整个营销学体系中,定义新广告的原点叫作——广告不是艺术品,不是用来欣赏的,是用来精准获客并引导客户到店的。新广告具备区别于传统广告的五大核心特征。

二、新广告区别于传统广告的五大核心特征

1. 广告载体不受幅面的限制

· 与传统广告相比,二维码新广告不受幅面限制

传统平面广告设计得再漂亮,幅面也是有限的,无法将所有的信息传达给受众,甚至可能让人产生误解。新广告上面有一个二维码,二维码里可以植入无限幅面的文字、图片、视频、音频等内容。以房地产公司为例,售楼处可以打造720°VR全景线上看房系统。

移动互联网时代：广告链接一切

720°VR全景线上看房系统的好处是人们不用去售楼处，在手机端就可以在任意一个户型之间穿梭。进入厨房的全景中，就可以像看到真实样板房的厨房一样。进入卧室，能够看到卧室中每一个角落的细节，还可以任意放大。进入阳台，可以看到现实中站在阳台上眺望远方时看到的场景，甚至楼下的场景全部都能看到。

在全景看房应用上，还可以通过无人机对整个小区进行航拍，从大门到每一条路，再到怎么去每一栋楼，小区里的游泳池在哪里，花坛在哪里，绿道在哪里，健身房在哪里，都能够实现完全清晰的指引，跟真实场景一模一样。

传统广告只能通过绘画艺术品的形式来呈现，移动互联网技术改变了这种模式，可以在广告上打造真实体验的场景，而且所有的内容都可以放进二维码里，不会受到幅面的限制。就算是一张小小的名片，也能实现"你给我方寸，我还你乾坤"。在二维码的"方寸"之间，可以放进一本书，放进一个图书馆，甚至所有国家的图书馆都可以放进去。总之，可以放进一切想放的东西，只要存储空间够大就没有问题。

2. 将平面广告变成互动多媒体

・与传统广告相比，二维码新广告变成了互动多媒体

什么叫互动多媒体？简单地理解就是使用互联网技术将文本、图片、图像、视频、音频集成为一个交互系统，使人们的工作和生活更加便捷。传统的广告，还是以房地产的海报为例，恒大的广告就是传统的海报，加了二维码之后就变成了互动多媒体。扫码就会有人解读。比如，房地产公司在做促销，互动多媒体里有全景，可以放入更多文字的解读，可以超过传统海报幅面的10倍甚至以上，有各种各样的图片。一张60厘米×80厘米的海报只有这么大的位置，不可能展示完整。再厉害的艺术家也无法靠创作表达清楚，但是在二维码里可以放10张海报，10张海报就变成故事，变成连环画，客户通过这10张海报就能彻底看明白。

新广告还能添加客户互动的入口，例如，房地产商在名片二维码上加一个表单功能，就能实现扫码预约看房。客户扫码不仅能通过图片、视频、720°VR全景了解楼盘的详细概况，还能看到一个预约看房的入口，填上名字和电话，点击"咨询"，销售马上就能打电话沟通。

传统的广告印刷品无法实现这样的功能，例如，一张贴在距离楼盘几千米以外小区的传统房地产海报，客户看没看广告根本无法知道，客户内心有没有产生需求也无法知道。

所以，传统广告的局限性就在于当客户没有到达消费场所，没有进到店里的时候，广告有没有效果根本无法知道。哪里的传统广告都存在这样的弊端，包括官方媒体的广告。因此，无论多大的饭店，做了广告，如果没有人走到店里来，就根本不知道客户看没看你的广告，更不会知道有多少人看了。

比如，将广告投放在周边20个社区，总共有多少人看，每个社区分别有多少人看，每个社区看广告的高峰期是什么时候，有哪些社区根本就没人看，如果能够弄清楚这些数据，那么下次再投放广告时候，就能做出最优化的广告投放策略。

一个优秀的广告人不仅要帮客户投放广告，更要本着节约成本的原则，本着按结果负责的原则。在2019第九届中国广告快印行业千人峰会上，我预测了未来三年广告的发展趋势，其中一条是说，未来广告是按

结果付费的,就是说,如果广告没有结果,以后可能没有人再愿意做了。广告有没有结果,和互动有着非常大的关系。

3. 精准识别客户

传统广告无法识别客户,不管是放在普通社区还是放在高端楼盘的电梯里,都不知道是谁看了广告,但是,新广告能够通过二维码实现精准获客。

快印客研究了一套智慧云码广告技术营销工具系统,这个系统包括两大核心板块:场景类应用和精准获客类应用。场景类应用是通过技术手段实现展示,打造一场身临其境的场景,让用户能够无限接近。精准获客如何实现。比如,房地产扫码预约看房有好礼,健身房扫码提供免费健身咨询一次,建筑装饰公司扫码免费获得装修效果图(引导语:365套效果图必有一款属于你,扫码免费获取装修效果图),等等。通过一系列的优惠设置,让客户在看到广告并产生需求后,会有一个精准的入口。

广告不是给所有人看的,广告是给有需求的客户看的。传统的广告学理论指出,广告是广而告之,今天这套理论需要更新和升级,因为广而告之意味着大量成本的投入,只有那些有钱的企业才做得起,而传统中小企业没有那么多钱,就需要在低成本下实现精准获客。最好的方式就是通过性价比高的技术工具,把真正对产品有需求的客户进行筛选并采集下来。否则,如果一家企业一天采集上万条客户信息,可能连电话回访都做不过来。

过去做广告总会担心客户的体验不好,但是今天,我们反而会设置各种各样的条件来约束客户。目的是让客户聚焦,因为不看广告的人就不是我们的客户。今天,作为一个商人和老板一定要明白,不是所有人都会成为企业的消费者,企业也没有能力赚所有人的钱。广告不是给所有人看的,广告是给对你的产品感兴趣的人看的。

新广告的优势就在于当消费者对你的产品感兴趣的时候,会有一个互动入口,从而采集客户的 ID 信息。比如,留下手机号码,现在基本上手机号码和微信号码同步,一旦采集了客户的微信号,就可以加微信,建立私域流量池，打造社群营销。

4. 广告由一对一传播变成一对多、多对多传播

传统广告都是一对一进行传播的，一百张名片理论上只能发给一百个人，一千张宣传单理论上只能发给一千个人，多一个都无法发出去，因为没有了。所以，传统广告是以载体和介质的数量来界定消费者的，并且具有非常大的局限性，可能会导致很大程度的浪费。

例如，很多公司参加展会常会碰到一个头疼的问题，就是不知道要印多少份宣传品。可能碰到展会还没有结束广告宣传品就发没了，下次参加展会就会多印，结果又可能发不完，剩下一大堆宣传品，拿回公司又没有什么用，因为公司的产品在不断更新，这些宣传品今后也用不上了。新广告则不受载体和介质的约束，通过技术工具就可以实现裂变传播。

举个例子，饭店正在搞一个中奖促销活动，设置了一、二、三等奖，分别是黄河大鲤鱼、酸菜鱼、醋熘土豆丝，中奖率一定要设置100%。我们一定要明白，搞活动的目的就是让客户中奖，客户中奖之后就会到饭店来消费，可能会带几个人来，所以不会只吃一个菜。客户到了饭店之后，利用把客户转化为渠道的手段，将到店客户变成渠道进行裂变。

所有企业营销的体现形式都是店铺营销，把各行各业想象成一个店铺，无论是房地产公司、建筑装饰公司、餐饮店、宠物医院、美容院等，其区别只是店铺之内卖的商品不同，而客户到达这个店铺的模式则没有任何区别，我的新营销学中有个理论叫作店铺营销三部曲，传统企业的营销全部适用这个原则。

店铺营销三部曲分为三个环节：

第一个环节，把未知客户变为已知客户，营销一定要知道谁会来。

第二个环节，把已知客户变为消费者，就是客户进到店里之后，要通过店内广告把他们变成消费者。

第三个环节，把消费者变为渠道。在传统企业的销售模式下，客户买完东西就走了，最多和他打声招呼"欢迎您下次光临"，但是无法知道客户还会不会再来。新广告就是利用工具把握客户，让客户可以再来。

我们必须得想办法让真正在店里消费的客户带来更多的客户，传统企业经营最好的方法和手段，成本最低的广告手段，就是把已成交的客户变成营销渠道。

比如，刚才讲的饭店做优惠券的案例，饭店的服务员可以引导客户扫码领优惠券，客户中了一个三等奖，非常高兴，这时服务员就可以对客户说："您可以帮忙把活动转发到朋友圈吗？然后让您的朋友试试他们的手气，看看他们能不能中一等奖。"只要服务员做了正确的善意的引导，肯定可以引发客户转发，十个客户中有两到三个人转发就足够了，因为每个人的朋友圈里有好几千人，通过分享就能裂变更多的客户，实现业绩翻倍非常容易。客户扫二维码分享到朋友圈，这叫作一对多传播，如果客户的朋友圈里有人再进行二次转发，这就叫多对多传播。

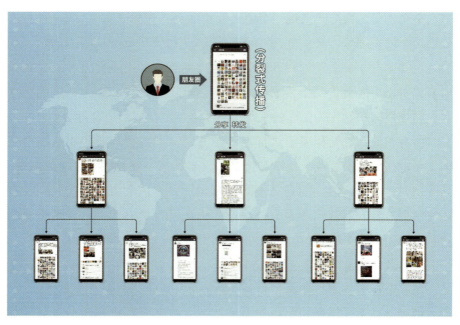

• 分享营销：裂变式传播

5. 把客户转变为渠道

传统广告没有办法像新广告那样，利用很多手段和方法把客户转变为渠道，而这个模式需要刻意去做。比如，上文讲到的服务员引导；比如，下面将要提到的分享营销。

前面我也讲到海底捞为什么不帮恒大卖房子，是因为海底捞没有把握客户的能力和工具。恒大之所以能在网上卖这么多房子，是因为恒大把线下几百万的消费者全部变成了渠道。只要变成恒大地产的代言人，拥有一张恒大地产代言人的海报（海报上印有一个分销的二维码），然后把二维码分享到朋友圈，朋友圈中有人扫这个码并买了房，那么代言人就能获得1%的佣金。这就是分享营销。

早在2012年，我就开始在全中国讲分享营销，是最早研究分享营销并且开发分享营销技术的人。当时，我给茅台镇的一家酒厂做了分享营销，在酒瓶的标签上贴了一个二维码，扫码就可以直接购买。2012年、2013年扫码直接购买商品的案例非常少。扫码购买后，直接把钱付给了酒厂，但是我定了这批酒，这批酒上的二维码是我的专属二维码。

这批酒设计得非常漂亮，酒的名字叫作WiFi酒，广告语叫"微醺，梦更真"，微醺与WiFi的发音相近，当时"WiFi"（行动热点）还是一个比较时髦的词，所以名字起得非常好，但是这么好的一个概念，酒厂卖不出去。在深圳电子商务协会的一次活动上，酒厂的老板推荐了这款酒，拿了很多样本给大家。当时作为深圳市电子商务协会副会长，我刚好参加了这次活动。我看完样本之后就告诉他要这么去做，当时整个电子商务协会没有人会这种玩法。于是，酒厂的老板就到公司来拜访我，我就做了这样一款分享营销的产品，因为是我给他做的，所以二维码是我的。当时一小瓶（125 mL）酒卖38元，客户扫码购买后（须一次购买一箱，每箱12瓶），钱付给酒厂，系统会自动记录，每一瓶我可以分得5元的佣金，那一年我帮他卖了很多酒，当然也赚到了很多佣金。这是非常好玩的营销模式，也验证了我的分享营销理论和技术的正确性。

移动互联网时代：广告链接一切

・分享裂变（转发文案）

・营销裂变（变身代言人）

如果有数据可查,我应该是国内较早使用二维码追踪技术的人,2012 年我就使用了这种技术。到了 2015 年,分享营销才遍地开花。其实在 2012 年的时候,它还不叫分享营销,当时我起了一个名字,叫作可分销的二维码。拥有这样的技术,就可以精准地识别客户,并把客户变成渠道,因为客户只有在获利的情况下,才会帮你裂变渠道。恒大的成功就在于给分享客户 1% 的佣金,所以几天时间内,就有上百万人参与恒大的营销,恒大也创造了整个疫情期间房产销售的奇迹。

建筑装饰公司如何迅速提升业绩

随着二维码应用的发展和普及,建筑、家居、装饰企业纷纷调整原有的营销渠道模式,其中一个变化就是选择拥抱互联网。基本上所有的建筑装饰公司都会选择在广告上加二维码,以二维码为入口,实现线下 + 线上的升级。

但很多二维码仅仅只是一个微信公众号,这样的二维码很难让客户去扫,也无法达到营销的效果。建筑装饰公司的二维码营销一定要具备以下三个特征:

1. 二维码的位置醒目

施工现场的图片是为了展示工程进度,而工程效果图是要告诉其他人他的房子也能装成这样。二维码一定要放在版面最醒目的位置,这样才能让人扫码。

2. 二维码的引导话术精准

引导话术是从原点思维出发总结一句营销话术,引导客户愿意扫描二维码。在施工现场图的二维码下放一句话,让它变成流动的专卖店和移动的业务员,从而成为 24 小时无人值守式的装饰公司。

3. 二维码的内容"前置"

装饰公司的内容设置，应采取场景前置和优惠前置的原则。过去客户想要看效果图和样板房，一定要去装饰公司看施工案例，而现在实现场景前置，一个二维码可以把每一个工地都变成装饰公司的施工现场，把每一个工地变成装饰公司的展厅。优惠前置则是扫码提供免费的建筑装饰方案咨询，提供免费的同户型的场景图和效果图。

· 传统施工现场

· 智慧施工现场

核心观点篇

核心观点三

企业之间的竞争的一个重要部分是广告的竞争，虽然是同样的广告预算，但要看谁的广告更有效。广告竞争的两个维度：投入的资金、精准获客的能力。

企业之间的竞争的一个重要部分是广告的竞争，虽然是同样的广告预算，但要看谁的广告更有效。广告竞争的两个维度：投入的资金、精准获客的能力。

并不是所有的企业都有足够的资金去投入大量的广告；相反，中国有4300万家中小企业，其中有98%～99%的企业不具备这样的能力，所以中小企业的艰难不仅仅是同质化严重导致自己陷入越来越惨烈的价格战，更重要的是没有足够的资金与强大的对手进行广告的竞争。

对于企业来说，任何一个产品都可以分成两个板块：一是产品本身，二是客户接受产品的理由，可以称之为"一阴一阳"。产品本身是"阳"，接受产品的理由是"阴"。接受产品的理由其实就是广告的一种体现方式。企业向客户阐述接受产品的理由，这就叫定位。把这句定位描述出来，就叫广告语。在"牛云说营销"的课程体系中，称之为引导话术。

· 产品的"阳"（产品本身）和"阴"（购买产品的理由）

企业定位就是用最简单、最容易让客户理解和认知的话去描述客户购买产品的理由。两种产品的理由一定是不一样的。如果是一样的，那么生产的产品就没有意义，一定会面临竞争。规避竞争最好的手段并非创新产品，而是重新寻找一个客户购买的理由。下面，我就从资金的投入和获客的能力这两个维度深入解读一下企业之间的广告竞争。

一、广告竞争的维度：投入的资金

快印客每年都会在全国举办40多场线下培训班，课堂上用的水90%都是农夫山泉。2020年9月8日，农夫山泉在香港交易所主板挂牌上市，农夫山泉创始人钟睒睒很快以高达574亿美元的身家，一举超越马云、马化腾成为中国首富。上一个靠卖水登上中国首富宝座的人还要追溯到2013年的宗庆后。

难以想象，一个企业家靠卖水能够成为中国首富。就像中国股价最高的企业，不是那些高科技企业，不是芯片制造企业，而是贵州茅台。2020年贵州茅台的股价一路飙升，频繁颠覆人们的想象。一家卖水的企业能够成为中国首富，背后的逻辑是资本，资本决定一切，说简单点就是它投入的广告资金非常巨大。

很少有矿泉水品牌像农夫山泉这样，投入如此巨大的资金去做广告。农夫山泉华南基地坐落于广东省河源市万绿湖旁，万绿湖有超过300个水品牌，但是这些品牌都默默无闻，当地人都喝农夫山泉。很多矿泉水的水源开采点其实非常好，却卖不出去，这说明竞争和产品本身几乎没有关系，传统企业的创新和产品本身的创新也没有任何关系，绝大部分原因是让客户接受产品的理由（这个观点虽然有一点绝对，但是事实如此），体现方式就是企业投入巨资，每天利用广告对受众进行"狂轰滥炸"。

我记得20多年前，孔府宴酒、孔府家酒、秦池古酒等酒品牌的广告在中央电视台循环播放，可以说比五粮液、贵州茅台等都要风光。孔府宴酒当年更是与孔府家酒打得头破血流，最终孔府宴酒以3079万元的价格拿下首届标王，孔府家酒也以2000万元获得另一个酒类标版。我至今对他们的广告语印象深刻：孔府宴酒的广告语——喝孔府宴酒，做天下文章；孔府家酒的广告语——孔府家酒，叫人想家。如今这些昔日的广告标王已经淡出人们的视野，不能不叫人唏嘘。

除了农夫山泉的案例,不能不说说近几年崛起的小罐茶。从资本的角度来讲,小罐茶就是投入了足够的资金进行品牌的宣传。在中国茶品牌中,投入如此多资金进行宣传的,小罐茶绝对可以排第一位。小罐茶诞生时的广告语是:贵客到,小罐茶。这六个字可以说是字字千金。最近,小罐茶将广告语改为:招待尊贵客人。可以看到,小罐茶对广告语做了重新解读,进行了一些差异化的描述和升级。

小罐茶的广告已经渗透到全国绝大部分机场,但是,别人的广告都是放在候机楼大厅或者行李提取区,小罐茶却与众不同,把广告放到登机廊桥两侧,乘客上下飞机走廊桥。没有其他地方看,本能地一低头就会看到这个广告。小罐茶的广告设计得非常干净,使用纯黑的背景,放入各种颜色的茶叶罐,对比非常醒目,广告语也十分简练,充分体现了中国人的文化:大道至简。

所以,如果传统企业想要做好产品的定位,一定要从人的心理出发。有很多传统企业做营销广告,总把广告设计得很复杂,客户看半天都看不出重点是什么,而小罐茶的广告让客户一眼就能看明白。至于8位做茶的大师,只是一种营销概念,重点在于告诉别人这种茶是用来招待贵客的。所以,客户购买产品的理由远远超过小罐茶的产品本身。

在我的课程体系中,我认为无论是管理还是营销,心法永远都大于技法。所以,产品的广告语一定要能深入人心。你会发现许多世界顶尖企业的广告语,其广告语描述和产品本身没有任何关系,而是和消费对象的心理感受和认知有关。消费者会在某一个产品的细分领域认定这个认知。

比如,用酒招待客人,同是茅台镇上的酒,如果让一个人在不知道酒的情况下分辨是茅台酒还是茅台镇上的其他酒,一般人肯定分不出来。如果说别的酒比茅台酒好,那肯定很多人也会不以为然。如果用飞天茅台招待客人,客人一定会觉得自己被当成贵客了,这就是品牌价值的具体体现。

一般客人来了,我拿出小罐茶撕开泡上,客人见了都会将包装罐拿在手里把玩一番,并称赞它漂亮。每个人都知道小罐茶贵,并且嗤之以鼻收了别人的"智商税",但是真给他喝,内心都是无比灿烂的。

商品的广告是在描述一种价值,价值定位准了,还要有足够的投入资金让别人知道这个价值。所以,农夫山泉和小罐茶都是这样,首先定位准,其次投入大量的广告。农夫山泉在全国大小超市铺货,卖场中最大的堆头(水产品)一定是农夫山泉。农夫山泉服务于线下所有实体店,有一支非常强大的地推团队,投入的推广费用也非常巨大。可以说,农夫山泉已经做到了极致,其他水企没有能力这样做,因为它们一年的营业额都可能赶不上农夫山泉在一个省甚至一个市的推广费。因此,巨头之间的竞争靠的是什么?跟产品没有关系,靠的是资金和资本。

二、广告竞争的维度:精准获客的能力

如何借助二维码实现精准获客?让我们先看看某口腔医院如何创新营销。

为了吸引客户,口腔医院往往会采用砸金蛋这种营销方式,但是传统的线下砸金蛋存在很多弊端,不仅占空间,而且成本相当高,因为实体的金蛋只能一次性使用,而且金蛋砸完后还会留下一堆"垃圾"需要清扫,为促销活动现场带来不少麻烦。

快印客西安码客汀则利用移动互联网技术营销工具,为当地某口腔医院打造一系列线上营销活动,不但帮助医院节约了成本,而且通过互联网技术工具强大的功能,提升客户进店率,实现精准获客。

五一劳动节期间,西安码客汀为某口腔医院打造线上砸金蛋促销活动,制作了7张二维码单页、7块手举牌、7张朋友圈宣传海报,这些广告物料上全部放上了线上砸金蛋游戏的二维码,客户只要拿出手机扫一扫就能进入砸金蛋的游戏,轻轻点击金蛋就有机会获得华为手机、价值230~600元的电子优惠券,以及神秘活动大礼包。活动要求获得电子奖券的客户必须留下ID,而且要进店后才能领取奖励或进行抵扣消费,这

大大提升了客户的进店率,同时也因为获得了客户的 ID 而与客户产生了持续的链接关系,下次再有优惠活动能够及时通知客户。短短 7 天时间,该活动就为该口腔医院带来了 1163 个有效客户。

2019 年 6 月 26 日,西安码客汀又趁热打铁,帮助该口腔医院打造"百天治牙计划"营销活动,海报、门型展架、单页、吊旗等广告物料全部赋能二维码,客户不但能在线详细了解该口腔医院的产品和服务,更能在线抽取电子优惠券,通过客户在朋友圈的分享,裂变更多渠道,让该口腔医院的业绩翻了好几番。

通过上面两种营销模式的对比,我们可以看到,同样是口腔医院,广告的功能不同,营销的效果完全不同。

· 线上砸金蛋促销活动海报

• 传统口腔医院的砸金蛋促销活动

口腔医院案例　铁齿铜牙口腔5·1砸金蛋促销活动
7天＋7张单页＋7个手举牌＋7张朋友圈图片＝1163个有效客户

• 西安码客汀为某口腔医院打造的"五一"线上砸金蛋促销活动

- "百天治牙计划"营销活动

　　口腔医院属于中小企业，而像农夫山泉、贵州茅台这种大企业，一定有一大帮营销策划大师趋之若鹜。快印客的宗旨是引导广告人帮助中小企业突破营销困境，最简单、高效的方法是改变广告投放的方式，不增加成本，但可以精准获客。特别是2020年疫情发生后，在资金短缺的情况下，传统中小企业更需要快速有效的手段。疫情期间，快印客第一时间开发了疫情二维码，超过100家官方媒体对快印客的义举进行了宣传报道，二维码在整个疫情期间的宣传价值和管控价值不言而喻。

核心观点篇

· 2020年5月,快印客号召全国各地加盟店发起"春风行动"

  2020年5月,快印客号召全国各地加盟店发起新广告人"春风行动"。"春风行动"的主题是从防疫宣传转为用互联网+新营销,帮助传统企业实现疫后重建。快印客是一家广告资源整合的公司,是依托新广告、新营销、新策划理论的互联网技术产品的研发公司,在全国拥有数千家加盟店,旗下培训机构拥有超过8万名学员。快印客通过在整个行业细分市场领域开发新广告、新营销课程,研究广告技术营销工具与传统的广告印刷品载体介质相结合创造新营销的品类,来帮助传统企业以及地方政府深入理解李克强总理所讲的"互联网+",以及全面落实"互联网+"。

"春风行动"有三个行动宗旨:帮助100万临街商铺实现疫后重建,帮助100万餐饮企业摆脱团购,帮助100万农户建立稳定的销售渠道。在未来的2~3年内,我们通过快印客全国加盟店的努力,能够完成这个目标。我认为这是我创建快印客公司的一项非常伟大的使命。

"春风行动"的特征是传统企业在不增加广告投放成本的前提之下,通过快印客开发的互联网+广告技术营销工具与传统的广告印刷物料相结合,打造一套精准获客的方法和手段,让广告的传播效果倍增,进而让营销业绩倍增。

传统的平面广告无法得知客户有没有阅读(这在核心观点二中已经做了深入的解析),只有通过技术把过去广告靠猜测或者说靠大概率模糊的投放变成精准的投放,才能改变传统企业获客的维度。过去,传统企业的获客需要客户进到店里。疫情期间街上没有人,导致传统企业失去了客户。按照专家的预测,疫情可能在未来相当长的一段时间之内都会存在,也就是说,客户大批量到店铺去购物的场景可能在很长一段时间内很难见到。我到全国各地讲课,都会到当地的主流卖场区域考察和调研,发现除了知名餐饮行业,人们还在排队,其他传统临街商铺的生意急剧下滑,甚至很多企业关门倒闭,这一方面是由于疫情的冲击,另一方面是由于电子商务的冲击。

我们随处都可以看到大量的临街商铺倒闭,快印客研发了一款新的产品,就是如何通过招租启事创造新商业渠道。在招租启示上放一个获客的二维码,客户通过扫码就可以看到这家店铺的全景,就不需要房东亲自赶来开门了。这个二维码同时还是一个广告投放平台,广告店可以告诉客户,无论在这里开什么店,都能提供优质的广告服务,在花同样的钱做广告物料的前提下,让广告的效果倍增,实现精准获客,帮助提升业绩。

在移动互联网时代,我们要正确认知互联网技术工具对商业业态和商业模式整合所带来的巨大变革,科学技术是生产力,广告技术营销工具当然也是生产力,并且属于新的生产力,而且这个新的生产力的增值能力远远超过传统的生产力。传统企业必须重视移动互联网时代产品的变革,而产品的变革更多的是客户认知的变革,也就是接受产品能力的变革,再说简单一点就是广告的变革。因此,许多传统企业没有产品的创新,98%的中小企业都没有产品的创新,更多的是广告的创新。

在移动互联网时代,农夫山泉仍是一家非常传统的企业,并不能称为真正的营销高手。它仅仅是依靠资本推动的力量,依靠强劲的铺货能力。如果农夫山泉会玩营销,可以打造标签互动营销,将标签变成生产力,通过二维码标签提升客户体验,从而实现精准获客,不断将客户转化为渠道。快印客打造的名片水,为大家展示了如何玩转矿泉水的新营销。

赚钱和能力没有必然的联系,很多时候完全是机遇使然,也就是精准获客的能力。传统中小企业盈利能力很低,又面临巨大的竞争压力,98%~99%的中小企业特别是临街商铺没有大量的资金投放广告,而且受疫情影响,广告预算不得不削减,所以必须学会使用互联网技术来实现精准获客,而且要在不增加广告投放预算的前提下,实现矩阵获客的能力。这个矩阵包括三个维度,在本书的核心观点五中会重点阐述,即门店获客、广告端获客和共享获客。通过这三个维度,实现在不增加广告投放成本的前提下,让广告效果达到最优化。

这是技术竞争时代的一个新课题,也是技术竞争时代的一种新能力。马云曾经说过,未来30年属于用好互联网技术的国家、用好互联网技术的企业和用好互联网技术的个人。马云又特别强调,疫情期间,大多活下来的企业都是使用了互联网技术的企业,最先复苏的企业一定是使用了互联网工具的企业。我非常认同这个观点,因为在 2014 年,我就创建了"技术营销"这个词。技术营销是信息革命中的一个分支,我们经历过农耕时代、蒸汽时代、工业化时代、信息化时代、移动互联网时代,我们可以把移动互联网时代的分支理解成技术营销时代。无论在哪一个时代,企业的发展只有两个重点:生产和营销。生产是把东西做出来,营销是把东西卖出去,卖出去永远比做出来重要得多。

因此,广告人有责任把握"互联网+"的时代机遇,利用互联网技术进一步提升传统企业精准获客的能力,帮助传统中小企业在投放预算不改变的前提下实现广告效果的倍增。我认为这才是一家广告公司真正的信仰和价值观,才能真正帮助传统企业走出低迷,实现中国经济的振兴。

名片水,玩转二维码标签营销

不知大家是否留意,日常生活中发放矿泉水已经成为向他人表示友好的一种新形式,既符合中国的传统礼仪之风,又能用实际行动给予他人关心。那么,能否将矿泉水与名片相结合,从而成为一种新形势下的电子名片呢?答案是肯定的。我们将这种新的形式称之为"名片水"。

名片水以"定制矿泉水+二维码电子名片+艺术品打造"作为主要设计思路,在矿泉水的标签上赋能互联网技术,使发放矿泉水这一举动演变成为发放自己企业的电子名片,既能引发客户的好奇心,吸引人们的眼球,又能达到推广宣传自己企业的目的。

1. **智慧 AI 名片赋能,搭建分享营销平台**

名片水是在传统矿泉水的基础上,对水的包装标签进行"互联网+"赋能,即在包装标签上添加一个小小的智慧 AI 名片二维码,使矿泉水变成精准获客和分享营销的重要工具。

· 扫码了解名片水，开启营销新时代

首先，用可以提高免疫力的富硒水结合定制名片的创意，抓住客户的好奇心，引导客户主动扫码了解。这款矿泉水以英文"ME"命名，就是"我"的意思，告诉客户这款专属定制的矿泉水能够为企业代言，以"个性化电子名片"的方式发放给客户，能让大家更好地了解企业，从而达到作为电子名片的效用。客户通过扫描瓶身上的二维码即可获取到该企业的详细信息介绍，主要包括企业简介、产品介绍、主营业务、企业荣誉、联系方式等多项内容。

其次，这款矿泉水运用了分享营销的思路，将名片水分享给客户或合作企业，能够从中获得一定的非现金形式回报或优惠。举个例子来说，B企业通过扫描A企业的A牌矿泉水二维码，定制属于B企业自己的矿泉水电子名片，B企业定制的信息来源于A企业A牌矿泉水，因此A企业即可从中获得非现金形式回报（诸如一定比例的A牌矿泉水或优惠券，用于后期采购打折等），依此类推。

2. 艺术交流品鉴，提升企业品牌形象

矿泉水瓶标签上的艺术作品出自具有潜力的青年艺术家之手，客户可通过扫描二维码进入艺术品鉴栏目中。对于青年艺术家而言，一方面可以与他人分享交流，另一方面也可通过售卖作品的版权获得收益，并受到外界的认可与支持。对于企业和客户而言，能够与当下青年艺术家交流品鉴，如果中意作品，也可通过线上支付购买其版权，用于企业形象的包装宣传、使用及收藏。

·名片水标签画

名片水独特的名片定制化创意，作为艺术作品的收藏价值，再加上二维码背后搭建的艺术交流平台，以及分享营销的几何式传播效应，可以让越来越多的客户通过这一瓶小小的矿泉水了解企业与品牌，从而达到迅速提升企业形象、推广企业品牌的目的。

消毒湿巾的营销新价值

疫情之下，人们对消毒湿巾的理解和之前的理解完全不一样。过去这么多年，我几乎没有用过消毒湿巾，平时用的都是纸巾，因为日常的生活环境中很少有需要用湿巾去进行消毒。但是，疫情暴发后，随身携带消毒湿巾已经变成一种习惯，消毒湿巾也拥有了独特的营销价值，已经从过去单纯消毒的价值变成疫情期间传统企业营销的新媒介和新载体。

我有一个在新疆专门做纸巾的学生——来自三立方纸业的李总经理，看到快印客丰富的资源，他主动找我们合作。我专门讲纸名片、水名片、酒名片、茶名片，也就是把茶、水、酒、纸巾等产品做成企业的宣传介质和载体，因为这些产品，无论是普通老百姓，还是达官显贵都会用到，在日常生活场景中必不可少。

把这些产品变成广告的媒介和载体，很容易让人们接受。送一本宣传画册给你，你可能不要，但是我送两包茶给你，你一定会恭恭敬敬地接着，还可能会问我能不能再给你两包；送你一包纸巾，你也会高高兴兴地接着，如果放在展位上，你可能还会多拿几包。如果做活动送消毒纸巾，搞不好在市场推广的过程中，需要双手护住，不然可能一箱子都被别人抱走。

当传统的营销媒介、传统的广告失去价值的时候，你站在大街上发宣传单，人们都会拒绝；贴一张海报放在那里，也很少有人会看，或者只是扫一眼。如果广告不能在客户扫一眼的时候抓住客户，也就是说，客户在那一眼的过程中看不到广告和自己之间的关联，就会果断放弃，不会再看第二眼，这就是传统广告会失效的根本原因。

当李总经理看到我把纸巾定义为纸名片的时候，他觉得这样的营销方法非常有效（过去发名片给客户不要，现在发纸名片可以吸引客户），果断和我们合作。李总经理在牛年计划推出消毒湿巾系列产品，和我们联合策划了一款福牛系列的消毒湿巾。我为这款产品做了一个定位：消毒湿巾——疫情期间传统企业的代言人。这个定位非常独特。为什么独特呢？因为疫情下，很多消费者不再聚集，由于电子商务等互联网资源平台的发展，很多消费者已经很少去实体店消费。在这种情况下，怎样帮助实体店寻找更多的销售渠道，怎样让实体店所发送的广告变得更加有效，消费者更易于接受，怎样让广告的传播效果更有效地送达，成为传统企业投放广告时需要研究的核心主题。

而在疫情下，消毒湿巾拥有了核心价值，就像过去10年、20年你可能都没有戴过口罩，而今天刚出生的孩子在人生当中遇到的第一个物件，除了奶瓶，有可能就是口罩。因此，有很多特殊时代的特殊产物，会像口罩一样扮演着特殊角色，拥有特殊的价值。口罩保护人们的健康，酒精能够消毒，而酒精一旦跟着湿巾变成独立包装，就具备了另外一种功能。如果有人能够激发这个潜在功能，酒精就会变成营销的利器。所以，我们推出了营销型消毒湿巾，在上面放一个二维码，放的位置一定要非常醒目，再配以福牛系列的图案，非常喜庆，大家肯定会喜欢。就算把这款产品放到超市里去销售，相信也会比传统的湿巾卖得好，但是这款消毒湿巾主要不是用来销售的，而是用来做企业的产品宣传的。

企业如果想要定制这款消毒湿巾包装，比如，定制800包、1000包，现在个性化印刷，几百包就可以实现印刷，非常简单。印刷完之后，企业在宣传时，进行重点客户推广、推荐的时候，拜访重要客户的时候，都可以使用。比如，一个保险业务员到我的公司拜访我，这个保险业务员可能不知道打了多少个电话，我才勉强同意见他。他给我一堆宣传单，我不见得会看，随手就扔在那里了；但是，如果他送我一盒纸巾，里面放了12包，非常漂亮，我肯定不会拒绝。我在用纸巾的过程中，有时放在桌子上摆着，有时放在车里，等我闲着没事的时候，看到了包装上二维码下面的引导话术，比如，你真的会规划你的人生财富吗？你想知道你创业之后的财富未来如何能够更保值吗？那么我一定会想扫码了解。

目前，我没有见过中国哪一家保险公司用这样的引导话术。因为不懂，就算用了这样的话术，没有二维码的延伸，这个营销场景也创造不下去。当一家保险公司开发了一批营销型智慧消毒湿巾，写了这样一句话术，那么公司遍布全国各地的业务员，在拜访客户的时候送上这样一款福牛大礼包，客人一扫码就能看到视频、动画，或者以简单的图片形式描述一位成功人士在拥有很多资产的时候应该如何去理财，相信效果一定会比单纯发一张名片好得多。

再比如，一家牙科诊所在进行社区推广的时候，发宣传单别人不见得接受，但如果发营销型消毒湿巾，不要说大爷大妈，年轻人也可能会围上去要一两包。二维码下可以配上这样的引导话术：健康护理牙齿的八大关键点！你知道烤瓷牙的正确治疗方法吗？同时，二维码具备使用的三大核心要素，那么有需求的客户一定会扫码。所以，消毒湿巾就变成了牙科诊所的代言人、餐饮行业领优惠券的入口、保险公司获得潜在理财客户的入口……既能够帮人们消毒，搭建抗击病毒的天然屏障，又能成为企业在危难之际实现精准获客，提供有效广告的重要宣传媒介。

这就是消毒湿巾的营销新价值，因为独特的历史时期而赋予新的使命。当然，如果没有二维码，没有移动互联网时代，没有精准获客的广告投放理念，那么给你一包湿巾，也顶多用来消消毒，你没有办法为你的企业"消毒"，为你的企业建立"免疫系统"。

烧烤店二维码营销方案，带来 20 万元会员充值

非凡广告原本是一家小广告店，老板李总经理是设计出身，后来开广告店，以为有技术就不愁没活干，然而缺乏营销策划能力，让小店寸步难行。加盟快印客后，非凡广告迈出了营销、策划的第一步，从而让广告店的命运发生了巨大的改变。

2020 年疫情期间，李总经理在家反复听"牛云说营销"和快印客的线上直播课程，深入理解新营销、新策划的理论，又参加快印客春风行动线下交流会，参观快印客优秀加盟店，跟优秀的广告人学习营销策划经验。

随着营销意识和策划能力的提升,李总经理陆续将营销型二维码介绍给客户,不断向客户讲解二维码广告的优势和功能。努力就会有收获,有一天,一个做胸牌的餐饮企业客户对李总经理的新营销模式产生了浓厚的兴趣,对二维码营销能够实现精准获客非常期待,于是将烧烤店的开业营销活动策划全权交给李总经理。

传统烧烤店的开业活动无非就是印传统的广告宣传单,然后到商场、路口等场所派发,告诉客户本店即将开业,特举行促销活动,活动期间享受多少折扣。这种方式效果微乎其微,因为店家根本不知道谁看了广告,无法实现精准获客。客户可能因为促销活动走进店里,但烧烤店无法得到客户的ID,活动结束之后就无法联系到客户。

但是,李总经理在不断学习中,已经深得新营销模式的精髓,她明白广告的本质就是精准获客。于是,她将烧烤店的广告宣传物料全部植入营销型二维码,搭建线上+线下的互动营销入口,实现精准获客。比如,在烧烤店的门头加上二维码,与传统的门头相比,这种加了二维码的智慧门头能够帮助其更好地获客。客户只要用手机扫门头上的二维码,不但能够看到精美的菜品图片,还可以领取优惠券,领取优惠券的同时留下ID,而且必须进店消费才能进行抵扣。

李总经理还在宣传单、展架、手提袋等广告物料上加了二维码,就算是一件小小的礼物包装,也必须带上二维码。二维码下面的引导话术写着:扫码领取价值800元现金券。这大大提高了客户扫码的概率,更能吸引客户分享转发,从而裂变更多的宣传渠道。据李总经理表示,短短几天,本次活动为烧烤店带来了20万元会员充值,获得了客户的高度好评。客户还与李总经理签订了年度合同,实现了长期合作。

核心观点篇

• 烧烤场智慧门头

• 活动现场与成果

移动互联网时代：广告链接一切

核心观点四

什么是真正的客户（客户的核心本质）：获得客户的ID。

什么是真正的客户？过去对广告的定义是广而告之，就是说，越多的人知道就越好。这个观点放到今天来看是个悖论，因为广告触达的人越多，意味着广告付出的费用就越大。比如，在中央电视台做广告，过去如果想在《新闻联播》前后黄金时间段内（一般为前5秒，后10秒）

投放广告,需要花上千万元甚至上亿元才有可能中标。

随着移动互联网的发展,新闻的时效性发生了巨大的变化,导致看电视的人越来越少,因为电视上的新闻需要通过拍摄、剪辑、审核等一系列烦琐的过程之后才能呈现给观众,互联网则可以随时更新资讯,新闻事件发生的第一时间,受众就可以从网上了解到。

过去最有效的广告往往是伴随着时效性最高的新闻出现,但是在今天,我们的手机24小时不离身,各种主流App成为广告主追逐的焦点。比如,恒大网上卖房那段时间,几乎全网(微博、微信、今日头条、抖音……)都是它的广告。在移动互联网时代,谁拥有入口,谁拥有渠道,谁就是王者。

在渠道和核心入口投放广告意味着要付出巨大的成本代价。比如,在百度进行关键词的广告推广,投入一万元,如果不限制,你的钱很快就会被流量带走。本来你期望知道是谁"点"走了你的广告费用,并且能够主动联系你,但是,你根本不知道谁看了广告。因为传统的电视广告、纸媒广告,甚至百度广告,广告投放者都处于被动地位,如果消费者不主动联系你,也不知道他们在哪里,你完全不知道你的广告被谁看了,你的钱花到哪里去了。所以,在移动互联网时代,我们要做的就是认知真正的客户。

广告的核心本质叫作精准获客,并且引导客户到店。不是所有人都是我们的客户,我们当然不需要所有人都看我们的广告,广告是给有需求的人看的。

在移动互联网时代,所有的消费者都会被画像,一个人可能被画几百甚至上千个数字符号,贴上不一样的标签。针对不同人的喜好以及阅读习惯,今日头条、淘宝、京东等App就会给你推送相关的产品。比如,我在用手机录与营销相关的课程,App可能会给我推送营销学的相关产品;我在线上讲《黄帝内经》的一些理论,App可能就会给我推送《黄帝内经》。我最近在淘宝买了什么产品,那么在相当长的一段时间之内,系统都会给我推送类似的产品。这就是移动互联网时代的大数据识别。

移动互联网时代的广告分为两种，一种是借助抖音、今日头条、百度、腾讯新闻等软件平台投放的广告，另一种依然是传统广告。根据2020年7月16日商务部案部门发布的《关于开展小店经济推进行动的通知》，为了促进创业，未来我国的小店要达到一亿家，小店一般指的是个体户，而不是大公司，每一个小店背后可以带动一部分从业者，中国有14亿多人，意味着未来每14个人中至少会开一家小店，我国进入真正的全民创业时代。

广告对传统小店模式有着非常重要的价值，中国传统企业的核心问题就是营销问题，营销都是从广告开始的。过去，因为没有互联网工具，传统企业的广告投放具有相当大的盲目性，片面地认为，人流量多的地方，广告就一定是有效的，在人们看电视集中的点投广告就是有效的，而且我们没有其他的选择，没有办法不去投广告。在互联网时代，百度搞出了竞价排名，谁的关键词出现在前三位，谁的广告就是有效的。在今天，这些方式都没有效果了，已经不是这个时代最新的玩法了。

因为移动互联网时代多了身份画像的玩法，每个人会被数字符号定义。理论上讲，人已经不是真正的"肉体"的人，而是有了很多个"替身"，例如，抖音ID号、微信ID号，一个人如果有四个微信，意味着这个人在互联网上有四个微信的虚拟身份，如果注册了淘宝、京东、拼多多等平台账号，又多了这些平台的虚拟身份，今天，一个人可能会有10个、20个甚至上百个虚拟身份。对于传统的线下店铺来讲，不仅要捕捉客户的"肉身"，最重要的是捕捉客户的虚拟身份，所以今天真正的客户是客户的虚拟身份。这叫作获得客户的ID。用苹果手机的人都知道，想要登录苹果手机需要输入ID账号和密码，别人拿走你的苹果手机，如果不知道你手机的ID账号和密码，就等于拿走了一块砖头。所以，互联网上对消费者的认知就叫作ID，是真实消费者的数字身份。

传统企业最大的问题就是没有获得客户的ID，完全不知道移动互联网时代的生存法则，也不知道为什么要获得客户的ID以及如何进行客户身份的转化，而总是疑惑为什么没有人到自己的店里来。面对突如其来的疫情，看到人们不上街了，就自暴自弃，觉得肯定没有客户，这归根结底是认知边界和认知障碍导致的。

商业的生存法则就是获客，客户是带给企业财富唯一的途径。没有客户就没有一切，世界著名的管理学大师彼得·德鲁克说："经营企业只有一件事：发现并且留住客户。"这句话在今天看来有很大的限制，真正能够帮助你的，能够带来客户的，并不是客户本身。我们经常讲客户是上帝，客户是你的上帝，也可能是别人的上帝。那怎样才能把这个上帝留住呢？其实即留住客户的市场。所以，彼得·德鲁克的这个观点应该改成："经营企业只有一件事，开发独特的具备竞争壁垒的产品，据此发现、留住客户，并且长期占有客户。"也就是说，对于今天来讲，客户能不能成为你的客户，还是成为竞争对手的客户，完全取决于产品是否具有锁客功能，能否与客户产生持续的链接关系。

苹果手机用产品独特的魅力锁定了客户，苹果创始人乔布斯曾经说过一句非常经典的话："所有客户的需求都是被创造出来的。"客户本身并不具备真正的需求，需求都是被挖掘出来的。阿里巴巴创始人马云在20年以前讲："要么电子商务，要么无商可务。"今天再来看这句话，如果现在没有电子商务会怎么样，我觉得什么事情都没有。没有电子商务反而能够增加人们之间的交往，增加人们逛街的频率，增加市场的繁荣，创造一个其乐融融、互动交流的景象。但是今天，我们都躺在家中叫外卖、买产品，失去了很多乐趣。

很多人问为什么欧洲不发展电子商务，因为欧洲人口本身就少，很多开在街上的店铺都是靠一代一代传承下来的。如果欧洲的电子商务也很发达，那么欧洲的大街上可能就更见不到什么人了。这时，社会虽然还在发展前进，但是这种人文的乐趣没有了。一个社会由天、地、人组成，现在天和地还在，但是人都见不到了，那么和谐的景象就不存在了。社会不仅仅是让人生存，还应该包含存在于天地之间人和人之间的亲密交流，这样才能称之为社会。

马克思在论及生产力和生产关系时，称生产力就是创造价值的能力，生产关系是在创造价值的过程中形成的人和人之间的关系。虽然互联网、电子商务都能称为生产力，但是它们淡化了生产关系，这种生产关系只体现在互联网的虚拟空间，而失去了线下人和人之间真实的交流，不利于社会的发展。我认为在今天，人和人之间还是需要通过真实的接触实现面对面的交流，彼此坐在一起感受活着的人的气息。

国家下达的政策精神是未来要开一亿家小店，但是如果大家都不上街，都不去交流，这一亿家小店如何生存下去？所以，党和政府是伟大的，既定义了小店，也重新定义了互联网。互联网的价值已经不仅仅是虚拟空间，互联网的价值应该是在此基础上，实现真实的人和人之间的交流、真实的人和人之间的连接。同时，在真实交流之外，实现虚拟空间的交流和连接，就是我们常说的线上＋线下的互动模式。O2O就是这样的模式。

2015年，李克强总理在政府工作报告中，首次提及鼓励"把以互联网为载体、线上线下互动的新兴消费搞得红红火火"，将O2O模式推到了一个新高度。2015年，"互联网＋"的概念被写入政府工作报告，"互联网＋"其实是O2O的一种新形态，充分发挥互联网在生产要素中的优化与集成作用，将互联网深度融入社会经济的各个领域，形成一种以互联网为基础设施的经济发展新形态。

2019年，李克强总理在政府工作报告中再次说到"互联网＋各行各业"的概念。2020年，李克强总理则在政府工作报告中进一步强调，要深入全面落实"互联网＋"。我认为，"全面"更多地指中国的传统企业。随后不久，商务部等七部门就提出了未来要开一亿家小店这种创业的方针，其中的联系可想而知。

这么多年，我一直紧密跟踪政府工作报告做出的有关传统企业如何落实"互联网＋"的精准解读。快印客以及旗下7600家加盟店一直紧跟中央步伐和精神，积极响应国家的号召，全面而深入地帮助传统企业落地"互联网＋"。

"互联网＋"真正的价值是客户进店买东西，离开时可以留下ID。目的就是当客户不来店铺时，可以利用互联网技术唤醒客户。在移动互联网时代，传统企业缺乏将客户转化为ID的意识、能力和工具。

本书出版的价值就是唤醒传统企业深刻理解李克强总理全面落实"互联网+"的意义，让所有创业者真正理解一亿家小店的战略意义，明白中国将进入全民创业时代，每个人既是创业者也是消费者。理论上讲，14亿人未来都可能是创业者，如果身体、意识、经营能力等条件允许，我相信未来中国可能会有一亿家小店，甚至两亿家小店，而且小店不一定局限于临街的店铺，甚至可以开在家里。

因此，真正意义上的获得客户是把到店客户转换成ID，这个ID不是一个虚拟的ID，一定是到店的客户。在接下来的核心观点五中，我会给大家具体解读移动互联网时代传统门店获客系统的三种方式，也就是如何获得客户的ID。

打造互联网+共享街区，将游客裂变为营销渠道

现在有特色的共享街区特别多。西安有一个网红打卡地叫作永兴坊，里面的商家估计有一两百家之多，但是杂乱无序，没有一个导示系统能够展示商家的分布图，游客往往找不到要去的景点。大唐不夜城也缺乏主题场景的打造。以下总结了如何打造互联网+共享街区的营销场景，将游客裂变为营销渠道的五大方法。

1. 升级标识系统

很多景区的标识系统都有非常大的缺陷，传统的标识幅面局限性非常大，无法展示更多的内容，但是一个二维码就可以全部搞定。

标识系统的升级是基于智慧云码实现的，利用智慧云码打造标识系统。比如，通过一个二维码可以展示大唐不夜城的全部景点，也能把永兴坊100多个商家的概况全部展示出来，快印客还有个景区地图系统，可以把景区地图系统导进去，游客用手机扫描标识系统上的二维码，就可以很方便地找到想去的景点。

商家还可以打造智慧门头，利用电子名片实现特色展示、优惠券领取、商品陈列等功能，游客在两个街区以外的导示牌二维码里发现你的店，再到门口扫门头上的二维码领优惠券，然后进店消费。这就是获客场景的打造，在互联网时代，必须打造多维度的获客场景。

· 保时客品牌店智慧门头

· 烧烤店智慧门头

2. 打造互动专区

互动专区，是指在整个产业园、社区建立主题区，让商家可以在这里互动。这里说的互动，是线下结合线上的互动。比如搞活动，可以发电子优惠券。快印客的"智慧现场"，现场扫活动码，摇一摇手机，就可以在线抢优惠券，再加上网红效应，营销效果非常好，不但能够活跃气氛，还能获取客户的ID。因此，建立一套线上、线下互动营销系统非常重要，无论面对什么样的情况，都能从容应对。

3. 实现共享获客

"共享卖场+分享营销"是新营销学的核心理论之一。把客户转化为渠道是传统店铺增加业绩最有效、最高效、成本最低廉的手段。过去称为口碑，今天通过数字化工具实现，称为分享营销，可以追踪客户的来源，打通全部商家。传统企业是门店单一获客，互联网企业是链接共享获客。

但是，这种模式和美团、淘宝等互联网平台又不同，是最终落到真实的实体店上，增加线下店的体验，这是线上永远无法比拟的。线下具备得天独厚的优势，而互联网能够帮助线下打造更好的体验场景。

4. 打造网红打卡地

什么是网红打卡地？就是能让人们产生拍照的冲动，并且愿意发朋友圈的地方。你还记得火爆抖音的网红摔碗酒吗？摔碗酒就是从永兴坊火起来的，当时很多土豪"打飞的"过去体验。所以，营销就是创造一种场景，把景区的主题、logo等元素巧妙地融入进去，将客户裂变为宣传的渠道。

5. 建立土特产专区

土特产专区可以带动一方市场，所有的特色街区，特别是以旅游为导向的特色街区都要把土特产项目做起来。这个模式是通过智慧云码，将精准扶贫、美丽乡村、特色旅游等宣传入口前置到各个旅游景区、酒店设施中，让土特产得到最大范围的推广，同时，这些土特产统一品牌、统一 logo，也能进一步促进景区的网红效应。

结语：

这些方法就是告诉你怎样最大限度地裂变传播，通过升级导示标识系统，打造互动专区，统一每一个包装物的品牌、logo 识别，统一网红打卡地的背景，让游客成为营销裂变的渠道。

核心观点五

移动互联网时代的传统门店获客系统：门店获客、广告端获客、共享获客。

上一个观点我讲到"什么是真正的客户"，是说获得客户的 ID，那么客户的 ID 是从哪里来的呢？是从到店客户，即真实的人那里得来。这不像互联网上的虚拟身份，淘宝、京东、抖音上从来没有真实的人，都是虚拟身份。比如，你在抖音上看到有人在表演，实际上可能是他两天以前发的消息,并不是真正的"人",所以把它称为 ID。

ID 的好处是在任何时候、任何时空都可以建立链接,也就是说在任何时候都可以唤醒客户。对于企业来讲,最重要的难题就是客户离开之后,再也无法找到他们。淘宝、京东、抖音等互联网公司的优势在于即使客户离开了,因为留有客户的 ID,也可以随时找到客户。传统企业就没有这么幸运,因为他们没有这个意识,也没有人告诉他们应该怎么做,他们也不知道应该用什么样的工具和模式才能实现获客。

所以,这本书的意义就在于帮助传统企业获客,把传统客户转化为 ID,这个客户是属于真正的客户。

门店获客、广告端获客和共享获客怎么理解呢?传统企业首先是门店经营,传统营销的体现形式是店铺营销,店铺就是门店,传统企业一定有一个店。2020 年 7 月,商务部等七部门发布《关于开展小店经济推进行动的通知》,提出 2025 年要达成"百城千区亿店"的目标,这一亿家店,甭管是包子铺、理发馆,还是便利店、糖酒店,首先它是一个店,所有的财富都是通过店铺来进行转化的,所有的商品和服务都是通过店铺转化给客户的,所以这个店铺既包括实体的临街商铺,也包括京东、淘宝这些虚拟的网络商店。

这本书讲的核心内容是传统门店、临街商铺的营销,较少涉猎京东和淘宝,目的就是唤醒传统企业来抗击淘宝、京东、美团等互联网巨头对它们的侵蚀。也就说,让传统企业获得自有流量,摆脱这些电商平台对它们的控制和压榨。

一、门店获客

门店获客就是店铺在这条街上怎么获客。传统的广告都是客户进了门店之后,门店才有能力对客户进行"控制"。比如,给客户介绍产品,引导客户体验,让客户试一下产品,这样才有机会实现成交。如果客户在店门之外,除了站在门口拉客,其实绝大部分临街商铺很少会有人站

在门口去拉客，最多像奶茶店、服装店在搞促销的时候，门口会站一个服务员，但是效果非常微弱。

1. 门头获客

门店获客的方式更多的是指门头获客，具体指的是当这条街上有两百家门店，客户在逛街的时候，门头能不能引起客户的注意。同时，门头具不具备获客的能力。

如果门头做得一点美感也没有，那是非常影响获客的。所以，我极力反对各个城市"统一门头"的做法，因为门头是城市商业文明的灵魂的体现，就跟这个城市的人们穿衣服一样。在我所出生的20世纪70年代几乎人人都穿白衬衫、蓝裤子、白球鞋，骑着一样颜色的自行车，没有任何特点和生气。改革开放以来，人们逐渐富裕起来，首先追求服装的华丽，手机、手表、眼镜等佩戴的物件也是多种多样。

社会丰富多彩、色彩斑斓，让人们对生活充满向往，也让人们向往和追求更加优越的生活品质。一般来说，人首先要经历物质充分富裕的时代，然后才能进入精神富裕时代。如果在物质没有保证的基本前提下去谈精神，我觉得过于空泛，普通人也很难做到。

所以，门头必须做到色彩斑斓。2020年10月，从北京传来一个非常好的消息，北京市城市管理委员会同市商务局制定的《北京市商业街区店铺招牌设置规范（试行）》开始面向社会公开征求意见，意见稿表示，店铺招牌"可以由设置人自主设计，同一街区内的店铺招牌不宜采取统一样式、统一色彩、统一字体等同质化方式设置"。这也意味着北京的门头一体化将成为历史。

我因工作原因走遍全国各大省会城市，发现几乎所有的省会城市都有门头统一的现象，特别是呼和浩特最让人印象深刻。众所周知，大昭寺所在的那条街区是呼和浩特最繁华的地方之一，但是那几条街所有的牌匾都是黄底的，一整条街看上去一模一样。白天你到那条街想找一家商铺真的非常难，因为所有的牌匾样式和颜色都是一样的，就算晚上亮起灯也都是黄色的灯光。

有一次，我到内蒙古呼和浩特上课，学生很热情，晚上请我吃饭。他说当地有一家店做的烧鸡特别好吃，因为不远，就想买来一起吃。本以为10分钟可以搞定，结果过了20多分钟还没回来，回来也是两手空空。学生不好意思地说，他在那条街上来回溜了两遍，硬是没找着那家店，因为那条街上的门头全部改成一个样式了，根本就找不着。

呼和浩特还有个手机一条街，领导前一天说要把街头门店统一形象，结果那条街一夜之间全部变成了"中国移动"。第二天，很多人连自己的店都找不到了。这件事也成了一个大笑话。有学生问我碰到这样的情况该怎么办？我说，第一，问题出在广告公司身上，因为给政府出谋划策的一定是广告公司，广告公司最终承担了这个活。如果先把这条街的效果图给领导做出来，反复跟领导去强调，牌匾做成"黄底黄字""黑底白字"会是什么效果，我相信政府领导不可能会犯这种错误。所以，出现这种情况，一定是广告公司不负责任，个别领导把关不严，最终变成了笑话。特别是包括北京、上海、西安等城市，都出现过这种殡葬风的门头，整条街都是黑底白字，看着都瘆人。黑白色一些奢侈品大品牌都很难驾驭，更不要说一条街的店招都是黑白的。黑白在中国可以代表太极阴阳，一般的情况下没人能够驾驭。

因此，门头一定要百花争艳、百家争鸣，但是门头光好看还不够，还要有获客的工具和入口，就是在门头添加二维码。比如，一家英语培训机构，做了一块精美的门头，上面放一个二维码，下面写上二维码的引导话术："让英语迅速提高的六种有效方法，扫码免费参加公开课"。我的课程中专门有对二维码应用的解读，有三大核心要素，缺一不可，少一个二维码的使用都是错误的。

2012年，我开始在全国讲二维码营销，到今天快十年时间，我依然站在趋势的舞台上。我每个月开三四场课程讲二维码营销，主要讲解以二维码为移动互联网时代的入口，与传统广告介质和载体相结合的新广告、新营销、新策划。初讲时，根本没有人认可，还有人讽刺、挖苦，甚至打击我，但我只用一句话来安慰自己："夏虫不可语冰。"就是说夏

天的虫子只能经历三季,未能经历冬天,如果和它讲冬天的白雪皑皑,它会觉得不可能,因为它觉得这世界没有冬天,这其实反映的是人的认知边界。

所以,我没有必要跟"夏虫"们去争论,我和学生说,时间会验证一切,就像我在课上提到过的,2019年我讲房地产营销的课程,利用全景看房和分享营销,把购房者转变为销售渠道。学生听了兴致勃勃,充满喜悦地回去跟当地的房地产客户讲,结果客户说:"你的老师肯定是个骗子,完全不懂营销,他有没有卖过房子?"学生很委屈,跟我说有客户这么评价我,我要怎么办?我说将军有剑不斩苍蝇,我们用时间来证明。

果不其然,2020年疫情来临,恒大就用了我讲的三招:第一,全景看房;第二,把客户转变为渠道;第三,线上销售优惠券。恒大通过销售一千元钱优惠券抵现金这种模式,因为网络支付、微信支付有额度的要求,而且也没有人会在网上花几十万元,所以买个优惠券就可以了。这些我在2015年的课程中就已经讲过,今天全部应验了。所以,我在想,如果这个房地产的客户见到2020年恒大在网上卖房,会做何评价。这个世界上有个财富守恒定律,不会所有人都赚钱,而且如果无法突破自己的认知边界,哪怕有贵人站在你面前,给你做出正确的指点,你也把握不住。

门头是门店端获客的重要入口,门头的二维码要遵循三个核心原则:第一,正确的引导话术;第二,所见即所得;第三,印刷的位置必须醒目。如果二维码非常小,还放在角落里,没人能够看得到,那么没有任何意义。门店获客有两个维度,一是门头获客,二是进入店铺后有效的广告引导。比如,客户进入门店了,进入门店的是客户这个人的肉体,具体是谁,店里根本不知道,所以获客是要把未知客户转变为已知客户,这就涉及店铺营销三部曲:第一部,把未知客户转变为已知客户;第二部,把已知客户变成消费者;第三部,把消费者变成渠道。店铺营销三部曲的价值在于所有传统企业店铺的广告投放只有这三个环节,其目的只有一个,叫作获客。获客只有一个标准,叫作获得客户的ID,所以店铺内的广告也要以获得客户的 ID 为主要目的，要先获得客户的 ID，然后才有渠道，也就是把消费者转变为渠道，这就是分享营销。

2. 店内海报获客

店铺内的广告获客非常重要，现在很多门店用 iPad、手机取代了传统广告，客户到饭店都见不到菜谱，我觉得这个非常不合理。移动互联网会帮助传统企业，但也会误导传统企业。一旦传统企业老板丢失了营销的原点，没有经过扎实的训练，不具备深厚的营销功底，很容易被别人误导。

一个卖点餐机的人告诉你，用 iPad 点餐非常方便，还会找一大堆理由说传统的菜谱怎么不好。比如，印菜谱需要花很多钱，一套菜谱经过排菜、印刷等环节后，成本可能要几千甚至上万元，换菜了还需要重新印刷，还有可能被人偷走，等等。任何一个新生事物的诞生都会伴随着对原有事物的诋毁，但是我认为任何新生事物应该是基于原有事物的创新，而不是完全的颠覆和毁灭。就像苹果手机，再创新其本质还是一部手机，不可能舍弃打电话的功能。

所以，我极力主张饭店必须给核心主菜做海报和菜谱，因为人们点菜的时候，会考虑到色、香、味俱全，色主要是通过海报和菜谱传达给客户。如果是由服务员拿着 iPad 向客户介绍，客户无法感受到菜的色。比如，推荐红烧大鲤鱼，客户一定会问是什么样的，这时如果通过菜谱就能具体了解。倘若饭店有八大主菜，那么每一道菜可以用一个页面来详细介绍菜的历史渊源、制作厨师、典籍故事，然后放上一张大的精美的食物照片，人们很容易因为一张精美的图片而对食物产生强烈的欲望，进而产生购买行为。一天之内，只要每桌客户多点一道主菜，菜谱的钱就可以赚回来了。

很多饭店的老板并不知道怎么做营销，这就需要真正做线下营销策划的广告人来唤醒传统企业老板的意识。很多老板不具备标准的经营能力，只是歪打正着，或者只是单纯地因为对财富的渴望，想有钱、想开好车、想住好的房子，并不知道企业真正的核心价值是什么，也不知道

好钢要用在刀刃上，做广告的钱绝对不能省，它能让营销事半功倍。所以，一定要做好菜谱、店内海报的引导，至于饭店的八大主菜，把客户从门口引到座位上的整个过程中，就应该让客户见到这些主菜。

2019年10月，我到重庆上课，快印客码客汀重庆旗舰店的张总经理请我吃饭，他的店有1200多平方米。张总经理开车带我到重庆的南山风景区吃火锅，当时下着蒙蒙细雨，开了一个多小时才到。我想重庆到处都是火锅店，为什么非要跑这么远？到了之后才明白，就算再折腾两个小时都值得。因为这家火锅店位于山顶，店里有1000多张桌子，非常气派。虽然我多年来去过很多城市，但依然备感震撼。坐在包厢里，推开窗户，一览众山小，山下灯火璀璨、错落有致。这是重庆的一家网红店，来这里的客户没有一个不拍照片的。但是，我发现一个问题，从山下沿着台阶走到店里，没有见到一张广告引导的海报。要知道，一家店今天生意好，不见得明天也好；明年好，不见得三年以后还好，因为它只是利用地理位置的优势创造了网红效应，整个包厢里的体验以及沿途菜品的体验完全没有，人们的体验都聚焦在了风景上，没有关注到菜品本身，而营销的核心本质一定不是风景，如果出现另外一个景点，客户可能就被吸引到其他地方去了。

所以，门店获客中留住客户、锁定客户有多个维度，不能因为今天这个维度让你的生意好，就忽略了其他维度的建设。因此，企业一定要建立营销矩阵，很多企业缺乏矩阵建设的规划能力，从而导致企业面临灭顶之灾，包括海底捞。这是门店店铺内广告端的获客。

3. 分享营销

门店获客的第三个方式叫作分享营销，也就是渠道获客。比如，饭店正在搞一个扫码抽奖活动，客户扫码后中奖，然后把它分享到朋友圈。要注意，饭店、培训行业、服装店搞抽奖活动送优惠券，中奖率一定要100%。如果搞99%中奖，一点效果都没有，不会有人扫码，也不会有人转发。几年前我讲过未来的广告在哪里有效，叫有人值守的门店。广告一定是在有人值守的门店才有效，其他地方无效。人们往往会忽略广告，因为广告太多了,铺天盖地。但是门店有人,就可以对客户讲:"先生你好,今天的菜吃得怎么样啊?今天我们饭店正在搞一次考核,我想麻烦在座的几位大哥帮我把这个分享到朋友圈,服务员都在比这个月谁的客户转发的朋友圈多。"只要好好去说,中国是礼仪之邦,不敢保证100%的客户,但一桌中至少有一半会转发。

客户转发的二维码里的内容要和其他的二维码不一样,这个二维码的内容都有获客的入口。在我的课程体系中,我讲了一个特别重要的原则,广告不是为了展示,而是为了获客。让客户转发出去,里面首先有八道菜的介绍。如果不这样去玩,还有更高级的玩法。比如,八大主菜,每天教你做一道菜。人们到饭店吃饭就是为了菜的口味,如果饭店教你做这个菜,十个人中有八个人都会有兴趣。扫码一看是做菜的方法,还能中奖,如免费获得一道菜,那客户十有八九会再来。当客户到了饭店,再把客户转发为渠道,这样就可以生生不息……这就是门店获客的原理。

· 农产品蜂蜜分享营销海报

核心观点篇

· 农产品李子分享营销海报　　　　· 农产品土豆分享营销海报

二、广告端获客

很多中小企业都会投广告。比如，社区广告，如分众传媒在各个社区的电梯里做广告。每个社区里的公共广告牌，大街上的手举牌，过去这些广告放在这些地方，客户看没看根本不知道。只要客户没有到店，从理论上讲广告就是无效的，就算找营销大师帮你做策划，将广告投放到 20 个小区，你也根本不知道谁看了广告。所以，传统广告最大的问题和危机就是广告效果的不确定性。没有人可以对广告的结果负责，但是在移动互联网时代，新营销、新广告、新策划可以对广告的结果负责。可以做到什么程度呢？

在 20 个小区中投 20 块广告牌，每一天哪个小区的广告牌有多少人看了，哪个时段有多少人看，哪个小区领了多少优惠券，领了优惠券之后哪些小区的人来消费了，每个小区一天看了这个广告后来店里消费了多少，这些数据在后台都有非常精准的解读。在移动互联网的大数据时代，过去人们解决不了的问题，或因为认知边界而无法认清的问题，在移动

79

互联网时代都可以用技术解决，实现精准解读。

广告端为什么要放置二维码？因为二维码是移动互联网时代线下广告唯一的入口。二维码本身不神秘，二维码的核心功能在于背后的技术系统。其实它简单来说就是一个网址，然后缩略成一张特定编码的图形，这张图可以方便手机扫描。所以，你了解的只是二维码的图形，而不知道二维码背后的功能。每一家公司开发的二维码是不一样的，大部分市场上开发的二维码都是以展示为目的，就是扫二维码看看内容。这是没有任何意义的，别人看没看你也不知道，但是快印客研发的营销型二维码是以获客为终极目的的。这就是广告端获客。

我举个例子，一家英语培训机构联系了20所学校，并到广告店做了20个条幅，想在学生放学时把这些条幅挂在学校门口，让接学生的家长看到这些条幅的内容。传统的广告挂20个条幅就可以了，但是我讲的新广告、新营销、新策划则更有效果。比如，条幅是×××英语培训，后面放一个二维码，下面写上引导话术：迅速提高英语成绩的八种有效方法。英语成绩不好的学生家长，在看到这句引导语时，十有八九都会扫描这个二维码了解一下。

二维码里的内容，要实现场景前置和优惠前置。场景前置就是可以把整个英语培训机构的场景、师资力量、教学环境，包括客户见证等统统放进去。比如，这个孩子以前英语不及格，在本培训机构上了一个半月之后，英语一下子提高到80分，等等。同时，还有优惠前置，比如，培训机构可以在每周五开设公开课，每次公开课有50个名额，二维码里有一个入口，只要填写姓名、所在学校、家庭住址、电话、目前大致的英语成绩，就能申请名额。为什么要填这么多信息呢？因为广告不是给所有人看的。如果一天有1000个人扫码，没有哪一家英语培训机构有能力打1000个回访电话，所以，广告是给有需求的人看的。

虽然给客户设置了这么多门槛，但是真的有需要的客户一定会填写，如果不填就说明不是精准客户。所以，今天传统企业的老板一定要明白，不怕麻烦的客户才是真正的客户，才值得花费时间去沟通，否则一切都是徒劳。我们没有必要从10个虚拟客户中去找一个客户，今天的时间不允许做这样的事情，获客一定要精准、精准再精准！如果一个条幅一天能带来20个咨询客户，10所学校就有200个，而且这200个绝对是100%的精准客户。只要进了公开课的会场，如果培训机构有真功夫，那么80%的客户都会报名。传统的条幅只放培训机构的电话号码，真正打电话的人寥寥无几，所以这样的广告是无效广告。

三、共享获客

共享获客指的是什么？传统企业与互联网企业有两大核心区别：第一，对客户的识别；第二，链接客户的能力。企业到最后真正的产品并非产品本身，而是产品链接背后产生的客户关系。客户关系会转化为一种新的产品，这也是本书的核心观点。为什么海底捞不帮恒大卖房子？因为海底捞没有把客户关系转化为产品的能力，所以只能靠卖火锅去赚钱。如果海底捞的老板和营销策划团队，或者为他提供营销策划的公司看了这本书，就会知道怎么做。海底捞最后要生存下去，必走这条路。

所以，共享获客是指你的客户来自其他的线下商铺。今天大量的临街商铺倒闭，如果再继续开店铺，那么生存可能会更加艰难，所以我们要正确去理解李克强总理所讲的"开一亿家小店"的概念。这个概念的背后是彼此获客的能力，以及彼此获客系统的搭建。李克强总理提到了广告，提到了互联网，我们要深刻理解互联网技术在营销过程中的价值和作用，就是说要具备链接客户的能力。

一家饭店的客户可能来自健身房，也可能来自一家营销策划公司、科技公司、便利店、装饰公司、汽车4S店等。比如，汽车4S店有VIP会客室，在这里做车保养的客户会看到房地产、健身房、英语培训机构、海外出国游学的广告；同样，在海底捞的店里也能看到健身房的广告，隔壁沃尔玛超市的广告，当地最大英语培训连锁机构的广告，一家服装店的促销广告，等等。这种广告模式在移动互联网时代，以快印客目前所掌握的技术，非常轻松就可以实现，实际上我的很多学生已经在用这样的技术和模式服务于企业。这就叫作共享获客。

"海底捞为什么不帮恒大卖房子"的核心理论就是共享卖场与共享客户资源，但是要利用分享营销的技术手段来实现。

越是经济环境不好，越要打造良好的体验环境

后疫情时期，市场环境不好，大部分企业、个人、商户选择保守消费，以防止疫情持续影响，生存无法得到保障，于是很多商户以经济不景气为由，消极经营。其实，消极的不是市场，而是人的心态。当今社会，从来不缺弯道超车之人，缺的是积极响应市场变化的勇气。

经济环境不好，那么如何打造良好的体验环境？需要做好以下四点：

1. 塑造能量场

积极、阳光的形象能够改变你周边的能量场，从而影响你对事物的判断，优化你在客户心目中的印象，为接下来的合作奠定基础。

2. 营造优质的营销环境

（1）保持室内敞亮

昏暗的灯光天生带着消极、负面、压抑的氛围，光明正大的交易应该在明亮的氛围下进行。作为一家优质的线下门店，应该拥有明亮的室内视觉，让客户进来既能感觉到舒适，又能眼前一亮。做营销，要学会用灯光与客户交流。

（2）升级用户体验

以前，产品优势主导市场竞争。而在激烈的市场竞争下，同质化的产品越来越多，用户体验成为客户决策的关键因素。火锅店那么多，为什么大家宁愿排长队、花高价也要去海底捞？因为在他们的服务过程中，用户享受了极致、周到的体验，并愿意为此买单，验证了"我们卖的不是火锅，而是服务"。所以，广告快印行业也应该打造自己的"海底捞"，给用户带来极致的服务体验。

• 快印客码客汀技术营销体验店

（3）优化沟通环境

人天生喜欢舒适的环境，它能在一定程度上让人舒缓紧张情绪，敞开心扉交流。对于店铺而言，店内环境就像名片，有质感的名片能够快速提升用户好感度。如果用户进入一家店，看到店内混乱不堪，第一直觉是抗拒，第二直觉是不信任。用户不愿意在店内多做停留，有效沟通无法建立，成交从何谈起？有些小公司，明明资金困难，却开豪车去与客户洽谈生意，为什么？优质的店铺要会"装"。

3. 体验式营销

（1）创造传播场景

在互联网盛行的时代，我们要善于抓住互联网传播速度快、触达用户面广这一特性，创造传播场景，主动或被动引导用户产生传播行为。

如在店内设置适合拍照的场景，引导用户拍照并转发朋友圈，或邀请好友参与打卡。如何引导用户传播，将成为裂变是否成功的关键。

· 设置适合拍照的场景

（2）线上、线下联动

疫情期间，互联网行业优势被发挥得淋漓尽致，抖音、视频号成传播新风口，但这并不代表传统行业完全失去了生机。我们需要革新传统思维，借助线上的资源、渠道优势，引导用户到店体验。因为传统行业的特点在于客户消费最终需要在门店实现，真实的感官体验可以为产品、服务增加说服力，这是纯互联网行业难以实现的场景。所以，不要说传统行业没有希望，我们要学会借助互联网，发挥传统行业的优势。

核心观点篇

· 引导用户到店体验

（3）划分目标客户

一种服务，只能满足一类人的需求。我们需要通过行之有效的营销方案，筛选出目标客户，为其量身定制服务。创造顾客满意度，方能为我们带来价值反馈。目标市场划分越细致，客户需求越清晰，服务触达更精准，客户满意度越高。假如我向一位只会在家泡脚的大哥推荐价值888元的洗脚套餐，成功率会有多高？在这里，如何细分市场就显得尤为重要了。

4. 矩阵获客

（1）引导到店

引导用户到店是成交的基础，如何引导用户到店是核心问题。店铺老板希望有源源不断的客户，却不思考如何实现这一愿望。我们要学会裂变思维，借用互联网的优势，快速、大面积地触达用户，通过利益吸引他们到店，如到店体验券、到店礼品、到店优惠等。互联网为传播提供了机会，如何让用户主动为你宣传需要窍门。

（2）共享卖场

人的需求是无限的，但每位商家只能满足客户的一部分需求。比如，做广告的客户，同时也需要吃饭；买水果的客户，也可能需要买衣服。如果我们只发现他的一个需求，那么其他可以创造价值的需求很可能就流失了。我提出"共享卖场"这一理念，可以有效整合资源，所有商家共同服务一位客户，大家互不冲突，又能全方位满足客户需求，从而实现利润翻倍。

结语：

不可否认，疫情给市场经济带来了强烈的冲击，但并不是所有企业、商家都会因为疫情步履维艰，部分企业反而得到更好的发展机会。面对市场经济低迷，我们不应消极应对，而应调整好心态，寻找能快速突围的营销方法。越是在市场环境不好的情况下，越要积极优化自身店铺，最终实现逆风翻盘。

核心观点篇

核心观点六

把客户和产品变成新的营销渠道。

把客户和产品变成新的营销渠道。

我们知道过去的营销渠道，比如，卖一个产品需要招代理商，代理商就是渠道，所有的销售都是由公司自身的主体来完成的，或者说通过招募加盟伙伴和合作伙伴来推广自己的产品。很少有人有能力把消费者变为商品的销售渠道。

本章节所讲的内容就是如何把消费者变成销售渠道，不但把消费者变成销售渠道，同时把产品变成销售渠道。消费者之所以能成为消费者，是因为他消费了我们的产品。所以，我们要把消费的产品和客户这两个元素全部变成销售渠道。这在过去传统的营销中是不可能实现的，甚至是不可想象的。其原因主要是在移动互联网之下，营销借助移动互联网工具具备了一些独有的特色。

所以，本书要告诉大家一些颠覆认知的新营销学理论，让传统企业真正具备驾驭互联网的能力，掌握让互联网为我所用的新营销玩法。而这恰恰是互联网企业侵蚀和掠夺传统企业的核心手段。我把这些手段公开告诉大家，而且教大家最便捷的方法，学会如何通过这套模式把自己每一天卖出去的产品以及每一个消费者都变成消费渠道。

这本书原名叫作《海底捞为什么不帮恒大地产卖房子》，海底捞的主要产品是火锅，他的客户就是每天来店里吃火锅的客人。通过本书开头章节的解读，大家应该已经了解海底捞为什么不能帮恒大卖房子。第一，海底捞没有办法通过精准识别客户来获得客户的 ID；第二，海底捞没有把客户转化为销售渠道的能力。那么怎样才能把产品变成渠道，又怎样才能把每个客户变成渠道呢？

非常简单，首先在每个包装上放一个二维码。传统产品的营销就是标签革命，那么在包装上放一个二维码，让客户扫码就能了解产品的功效。过去产品的功效都是印在说明书上，标签用的是反光的荧光贴，看着非常费劲，而且因为包装幅面有限，字都设计得很小，一般人根本看不清。放一个二维码，扫码就能了解产品的功效、用法用量等，还能看到客户见证，展示产品的效果，还能放入网上商城，点击产品链接就可以直接购买。因为不只开发了一种产品，而是一系列产品，所以虽然有的客户可能只买一种产品，但二维码可以让一种产品变成一系列产品的宣传和营销入口，变成销售的载体和介质。

如果没有二维码，没有移动互联网技术，那么这一切都是天方夜谭。但是有了二维码，有了移动互联网技术，你还不懂新营销的手段，那也没有办法帮到你。所以，产品要想变成渠道，一定要在产品的标签上做

二维码互动营销的入口,把每一个包装变成销售入口,这就是智慧型包装物。我们还有专业的营销话术:让包装开口讲话,让包装成为流动的专卖店和移动的业务员,让包装成为24小时无人值守式的专卖店。包装所到之处,就是分店所到之处。

我的一个呼和浩特的学生就做了一个智慧包装物。到了冬天,全国各地都喜欢吃烤羊腿,呼和浩特有一家很有名的烤羊腿店,我还指导过这家饭店的营销。我的这个学生的广告店则免费为这家饭店的烤羊腿提供包装盒。免费!快印客正在颠覆很多传统营销的玩法。过去,印刷厂、印包企业要赚钱,必须做包装物;今天,一旦包装物具备了营销载体的功能,包装物变成销售的入口,根本就不用去赚包装物的钱了,而是参与产品的分销。这样,包装物变成了产品的渠道,把包装物提供给卖羊腿的企业,因为客户不会直接看到羊腿,而是先看到羊腿的包装,就把羊腿的包装变成渠道,也变相地把羊腿这个产品变成渠道。所有客户的产品呈现给客户的时候,都是以包装物的形式来呈现的。

广告行业是一个非常独特的行业。我为什么研究这个行业?为什么到这个行业去发展加盟店?快印客的目标是未来3年之内在全国开2万家互联网+技术营销体验店,统一品牌,品牌的名字叫作"码客汀"和"保时客"。为什么能够这样去做?因为只有我们具备这套原创的理论,具备这样的营销意识,具备在全国推广的能力。我们拥有全国这么大范围的品牌连锁店,有能力服务于全国任何一个城市的客户,因为中国任何一个县城都会有我们的加盟店,只是数量多少而已,有的城市可能有十家,有的可能只有一两家。未来码客汀和保时客品牌店将为全国的中小企业,特别是为国务院提出的一亿家小店建设,提供高效的、低成本的、借助移动互联网工具与"互联网+"模式相结合的以传统广告印刷物料为载体和介质的新营销模式。

为什么要为卖羊腿的企业免费提供包装物呢?因为我们(免费制作包装物的广告店)和卖羊腿的企业达成了协议,只要有一个客户通过包装物(扫描二维码)成功购买了羊腿,卖羊腿的企业就要给我们15%的

- 烤羊腿智慧包装

佣金。比如，一条羊腿售价200元，15%也就是30元。我们挣这30元是通过包装物上的二维码，后台都有数据，卖出了就算我们的。如果是卖羊腿的企业自己卖出去的，我们同样免费提供包装物，因此卖羊腿的企业非常愿意做这样的事情，因为包装物也是一笔很大的投入。为企业免费提供包装物，在中国除了快印客的学生和加盟店，相信目前没有其他人敢这样做。

我们有很多这样的玩法，这也是恒大卖房子的方法和手段，这叫分享营销。本书开篇已经具体讲解恒大如何把消费者变成渠道，恒大是把购买房子的人变成了渠道。我们不但能够把消费者变成渠道，产品本身（包装物）也是裂变的渠道。房子本身不具备这样的属性，因为没有人会走到房子面前去扫二维码，再买套房子。但是买了一份羊腿，拎着它走在大街上，放在办公室或者家里都有可能被朋友看到，朋友一好奇就会扫码分享到朋友圈，里面有一张20元的优惠券，买羊腿的时候可以抵扣。还可以搞一个抽奖活动：送888条羊腿，看看你的手气怎么样！最低

奖项也能得到20元优惠券。只要在二维码的文案里，对羊腿的工艺、口味、美誉度、客户见证等进行有力的陈述，卖起来就非常容易。其他没有使用这种营销手段的企业业绩肯定无法媲美。

这样的案例非常多，房地产可以把客户转变为渠道，所有的餐饮行业也可以把客户转变为渠道，所有的包装物、包装盒都能变成新的渠道的入口。包括饭店、理发店、美容院、健身房等任何一家临街商铺的门头，同样可以变成客户转化的渠道。传统企业最有效的营销手段就是把客户裂变为渠道，而且几乎是零成本。把羊腿放到超市里卖或者找代理商卖都要付佣金，现在依靠包装物卖出去，不用开工资，也不用再去租一个商铺，消费者本身变成了流动的商铺，产品本身和消费者结合在一起变成了裂变的渠道，这种方法用快印客的智慧云码就可以轻松解决。

2012年，我开发了全国较早的可分销的二维码技术，当时还没有"分享营销"这个词，可分销的二维码技术是这套营销学理论非常重要的一个核心观点。恒大恰恰使用这个模式做了裂变，所以，所有的传统企业、临街商铺都要去研究如何把产品的包装物（产品外面就是包装物）变成裂变的渠道，甚至你的名片、你发的宣传单、你在周边社区投放的广告，只要正确使用了具备分销功能的二维码，都能裂变为分销的渠道。这些广告本身就是产品的一个代言人，当消费者购买了产品之后，再利用二维码技术将这些消费者裂变为渠道。

比如，饭店可以让客户扫桌子上的二维码抽奖，并教他做一道菜，鼓励每一个客户扫这个二维码并分享到朋友圈。首先，客户可以把做菜的方法发到朋友圈，分享给自己的朋友。同时，在教做菜的文案里植入互动抽奖（100%中奖）。这样每一个到饭店的消费者就裂变为渠道，在朋友圈中一对多、多对多地传播，从而无限地裂变。这种营销的宣传成本几乎为零，而用其他营销方式去做宣传营销则要付出巨大的成本，还没有办法跟结果挂钩，有没有结果都要付出广告宣传成本。分享营销的玩法带来客户，付出合理的利润，这种利润可以理解为广告费用，而传统的广告费用花了也不一定有结果（绝大部分都没有结果）。

分享营销是按结果付费，把客户裂变为渠道，借助移动互联网是唯一一种零成本裂变客户的方法，这是所有传统企业都必须掌握的。

二维码说明书的应用实战

企业老板都知道，配置纸质说明书是一笔很大的成本，钱花出去了，却更像是把钱丢到水里去了——因为翻看说明书的人少之又少，但是不配说明书又不行。

既然传统的纸质说明书已经不能满足厂家和消费者的需求，那么在移动互联网时代，新型解决方案应运而生：二维码说明书。它的实际应用是怎样的呢？下面我分三个小节为大家详解。

1. **告别纸质说明书，二维码说明书将成标配**

产品一体化说明书，即丝印（丝网印刷）在产品上的二维码，商品唯一的"身份证"。内容上除了产品信息、图文操作步骤，还有操作视频教程，让用户更加直观易学。用户可以在使用中随时扫码学习，无须四处寻找说明书。

相比传统纸质说明书，它主要有以下三个优点：不废纸张，降低成本；设备在码在，一物一码，不易丢失，永久保留；及时更新，内容新颖，检索方便，一扫即通。市面所见的一些智能家居已经开始使用这种说明书，未来二维码说明书定将成为产品包装的标配。

2. **新产品推送，进军互联网最有效的通道**

新产品推送是传统制造业进军移动互联网，把老客户变成持续消费客户，走向线上最有效的通道，也是厂家维护品牌忠诚度最直接、最简单的方法。通俗地讲，酒香也怕巷子深。如果没有说明书这个入口去锁定认知，你的产品很可能连露脸的机会都没有，反之，你可以持续锁定

客户，去影响客户的下一步消费行为。

以烤箱为例，当客户的烤箱出现故障时，扫码看说明书排查后，发现商家又推出了新一代机型，一看详情很心动，科技含量更高了，而且价格有优惠，就可以直接在二维码里下单购买。

3. 让每一个产品都成为一个共享卖场

二维码说明书是厂家资源整合，打造共享卖场的一个入口。真正营销级的应用是如何把产品变成一个共享卖场，理论上讲，所有的商品只要有了二维码说明书都可以变成共享卖场。

还是以烤箱为例，用户买了烤箱，自然要扫码看说明书，当用户查到烤牛排怎么烤时，我们就可以在底部推荐一个生鲜网站，类似的应用不一一列举，大家可以举一反三。如此这般，厂家就可以和多个商家合作，让每一个产品成为共享卖场。

采取这样的二维码技术，大家合作共赢，商业模式自然就成立了，即分享营销。符合标准的商家只要入驻你的共享卖场，卖出了商品，你就可以从中抽取佣金，按结果收费，不卖就不收费。这套玩法即我一直提倡的共享卖场加分享营销等于裂变式创业，相信只要你玩转了这套玩法，你的财富就能爆炸式增长。

结语：

小小说明书，营销大用途。对于消费者而言，二维码说明书可以"高效检索，快速响应，永不丢失"，免去了无法随身携带的尴尬，也解决了易丢失的烦恼，重要的是能更快地学会使用和解决故障。

对于传统企业而言，二维码说明书不仅可以节省成本，还是连接生产商和客户之间最有效的纽带，通过说明书牢牢抓住客户，打造共享卖场，实现二次营销和"互联网+"，让财富爆炸式增长。

酒类产品的创新营销之道

每一年都有很多广告公司要为酒厂做包装，做营销策划，酒的营销到底要怎么做？茅台、五粮液等大品牌家喻户晓，但是小品牌的酒多如牛毛，想卖好非常难。首先，好酒很少；其次，地方品牌没有文化传承，就是没有故事。

这几年经济环境不好，加上很多大品牌强化包装，加大炒作宣传力度，集中度越来越高，导致小品牌酒的市场占有率急速下滑，几乎难以生存。要说酒的品质应该也差不到哪里，主要原因还是包装平庸，营销意识平庸，一切沿袭旧传统。下面，我从四个角度为大家剖析酒类产品的营销之道。

1．酒的三大定位

酒类产品独特的定位，让酒具备了营销场景的可能性。主要包括以下三点：

（1）友情文化。好朋友相聚一定会喝好酒。

（2）自嗨文化。人们忙碌了一天回到家里之后，会喝上一杯酒缓解疲劳。

（3）休闲文化。做各种喜庆的包装，让人们产生联想。

2．酒的个性化定制

任何领域都有原点思维，真正的广告是心有灵犀，让人一看就知道。营销策划是把人原本的灵性挖掘出来，找到产品和客户需求的同频点。

万物回归原点，想从产品最本质的灵性出发，首先得具备找到灵性的本领，酒与生俱来就是个性化的东西。这节课主要讲定制的个性化。每一种酒的背后都有文化属性，包括公共属性、企业属性、个人属性，通过文化属性寻找目标客户。个性化定制主要指的是企业文化属性和个人文化属性。

（1）公共属性。公共属性是大家都认同的，目前在中国市场上的酒品牌都属于公共文化属性，通过广告的引导实现，同时某一个地域的酒也是公共属性。

（2）企业属性。酒具备企业和企业之间交流的情感纽带的作用。

（3）个人属性。即自嗨文化，是自我价值观的体现、自我成就感的体现。

我做的 WiFi 小瓶酒，是个性化定制酒的经典实操案例，具体分析可参见核心观点二。

3. 酒的包装：艺术品设计 + 二维码营销

没有二维码就不是新广告新营销，没有二维码就没有"牛云说营销"。"牛云说营销"就是讲移动互联网时代，传统包装物、传统印刷品、传统广告怎么跟二维码相结合。

酒的包装就是艺术品包装设计 + 二维码营销，每一个人都可以利用分享营销来做定制酒，酒的标签上是请人画的画（不一定非得请艺术大师），上面有一个二维码，别人扫画上的二维码，能够查看画家更多产品的介绍，还能在线购买。只要有人卖了，你就能获得分佣。二维码里还有定制入口，把企业名称输进去，就能定制自己公司的酒，还可以把公司产品、核心观点结合二维码融入酒的包装。

理论上讲酒厂是卖酒的，但这种模式下，最终酒厂卖的是客户关系。任何行业的终极产品都是客户关系。水类产品的最终宿命是一定要变成一家"文化公司""广告公司"，一定要把标签变成广告的载体。可口可乐150年里的产品从未改变，改变的一直是包装，把营销的创意玩到极致。

所有的创新都是营销创新，特别是水酒，通过标签创新，变成客户流量的入口和输送流量的入口。这两个维度的入口，第一个是把自己的客户导进来，第二个是把自己的客户导给别人。比如，酒厂可以做一个企业家俱乐部平台，号召10万家企业使用我的定制酒，每一家企业定制属于自己的品牌、属性、文化的酒，上面都有二维码，把这10万个企业家连接起来，彼此共享客户，这就叫商圈。过去商圈是一本黄页，今天是一瓶企业的定制酒，快印客还专门研发了标签的定制系统。

高级层面的功能是打造企业联合体，如商协会宣传做定制酒，不出钱就可以让协会会员众筹来做；还可以打造区域文化，如山东文化、河北文化、河南文化等。客户之间彼此共享，聚合私域流量，在平台上把客户进行任意的输送转移，最终通过流量贩卖实现获利。

4. 酒的发展趋势

企业酒名片是营销发展的入口，是酒的天然属性。这又回到了上面说的企业用酒，企业更多维度的连接关系，体现形式就是企业的酒名片，每一家企业都可以定制自己的酒，定制自己的品牌，然后送客户，比如，我可以定制一款酒叫作"牛云老师的休闲小酒"。喝自己或企业的定制酒，发朋友圈的冲动感更强。

结语：

营销在无时无刻之间，是生活中的潜移默化，而不应该是刻意为之。营销就是把产品变成连接客户的纽带，而酒的天然属性就是情感的连接，这种连接一定要通过二维码来实现。最终，具备创新意识、营销意识的企业，才能在这个时代优雅地生存下来。

核心观点篇

核心观点七

任何行业的终极产品都是客户关系，产品只为创建客户的链接。

任何行业的终极产品都是客户关系，产品只为创建客户的链接。我在上课的时候经常会讲到这个观点，我说它值一千万元，因为我认为它是我营销学理论中一个非常重要的，或者说在2018年底到2019年这个阶段最重要的核心观点。

所有的行业到最后的终极产品只有客户关系,就像生产力到最后是为了形成生产关系,生产关系又会转化为生产力。但是,无论是传统企业还是互联网企业,他们绝大部分都在经营自己的产品,优秀的互联网平台是在经营互联网的客户关系,比如,海底捞就是卖火锅的,恒大就是卖房子的,美容院就是搞美容的,它们都是独立地在自己的私域努力工作。有的运气好,做得很好;有的运气不好,做几个月、一两年倒闭了。因为他们没有深刻理解当移动互联网时代来临时,生产力和生产关系正在发生转变。

移动互联网时代之下,当特有的生产力要素出现时,所有的生产关系都会被重组、打散,社会关系体系、产品的属性都会被重新打散,这就叫革命,也叫颠覆性创新。海底捞最终如何通过火锅把客户聚集起来,海底捞未来的盈利手段、赚钱的途径相当大一部分甚至绝大部分并非来自火锅。海底捞这个火锅品牌是维系客户的平台,它最终的盈利手段一定是靠输出客户,通过创建客户关系来实现的。具体来说就是不断地输出稳定的客户关系,然后不断地壮大客户关系,再输出客户关系来盈利。就像在本书开篇提及的,海底捞把他的客户输送给恒大地产,通过客户卖房子赚取佣金,这才应该是海底捞未来生存的核心模式。如果海底捞悟不到这一点,只要其他任何一个餐饮企业悟到这一点,且它的规模足够大,颠覆海底捞易如反掌。

当你真的意识到移动互联网时代所有的终极产品都是客户关系时,你就要明白产品属性必须具备创建客户链接,以此形成流量池的能力。也就是说,企业接下来只有一件事,怎么通过产品来创建客户链接,怎么通过产品来凝聚客户关系,怎么通过输出客户关系(新的产品)不断获利。这也是所有的传统企业将来都要研究的事,这种模式也叫作共享。

共享是什么?把我的给你,把你的给我,彼此共享,在没有绝对竞争的前提之下,任何行业都可以合作,而且可以永久合作。小企业同样可以输出自己的客户。比如,一家规模不算大的茶餐厅,里面有30张桌子,没有包房,可以在茶餐厅的每一张桌子上放一个看房的广告——扫码预约看房有好礼,那么客户在吃饭的时候,或者喝杯茶水等餐的时候,可能就能看到这个广告。扫码就可以看到一套房子,客户完全有可能因为这个二维码了解这套房子,而在扫码看房子前需要输入手机号码进行注册。如果客户买了这套房子,那么房地产公司可能会付 1% ~ 2% 的佣金给到茶餐厅。说简单一点,这家茶餐厅如果能够持续稳定地经营,而它的客户又是以白领为主。比如,在深圳很多 CBD 中心区,一些高档社区旁边都有很多茶餐厅,特别是那些港式茶餐厅,生意都非常好,周边的白领都在这样的茶餐厅吃饭,而这些白领绝大部分都是买房的刚需用户。他们可能没有时间去房地产中介,甚至没有时间去楼盘看房,所以他们未来购房的入口完全有可能在茶餐厅而不在房产中介,也不在售楼处。

这是一个伟大的观念,你必须意识到未来你的产品广告会出现在哪里,无论你做什么生意,未来你的卖场提供什么样的广告流量平台输送给别人。从理论上讲,一家茶餐厅可以和多个房产公司合作,也可以和其他行业合作,如健身房、电影院、美容院、胎教机构、婚纱影楼等。

我们来想一想,未来的世界是什么?当我看到国务院推出要推行一亿家小店计划的时候,快印客迅速在不到 24 小时内发起响应,我马上号召快印客全国数千家加盟店,让他们立即全力告诉客户这个重要的政策背后意味着什么。报告里特意提到了广告营销的创新,意味着未来这一亿家小店中,会有相当一部分店铺会形成共享卖场,彼此成为获客通道。换句话讲,我既是生产者和销售者,也是消费者,这就要进入大同社会,这就是营销的最高境界。通过彼此获利推动民间经济的高速有效地发展,这也是拉动内需最有效的手段,所以我认为国务院非常英明,把每一个消费者变成创业者,如果加上本书我讲的这套模式,一定能够如虎添翼。

移动互联网时代：广告链接一切

小店零成本业绩翻倍的三大应对策略

小店经济是就业岗位的重要来源，是人间的烟火，疫情后稳步推进小店经济的复苏，能够有力提振市场信心，保障市民生活品质。

2020年的《政府工作报告》指出："保障就业和民生，必须稳住上亿市场主体，尽力帮助企业特别是中小微企业、个体工商户渡过难关。"由此可见国家对小店经济的重视。

传统企业的核心问题是营销问题，临街小店的核心问题也是营销问题。如何利用简单的门头、海报、名片、宣传单获客？如何不增加广告投放成本让广告传播效果倍增？如何在周边社区低成本零成本投放广告？如何彼此共享获客？如何利用"互联网＋"分享营销，一夜之间拥有数百免费推广人员？

传统企业创业首先解决广告创新，快印客总部号召全国5000家店发起春风行动，积极响应党中央号召，为全国数千万小店提供极低投入成本的营销型广告推广方案。数字化基建日趋完善，利用互联网工具扶持小店线上转型、线下门店拥抱线上渠道，在不增加广告投放成本的基础上优化营销策略，是广告人参与的最佳途径。

1. 智慧门头：小店营销的"敲门砖"

智慧门头是在门头上增加营销型二维码，让你的店面在同一条街上显得和别人的与众不同，快速吸引客户的目光，提升客户进店的概率。客户扫描门头上的二维码，既能了解小店的具体业务、环境和优势，还能领取优惠券，同时能够保存到手机，通过朋友圈分享裂变渠道。

· 建材行业智慧门头

· 餐饮行业智慧门头

2. 智享 AI 智能名片：让小店实现精准获客

智享 AI 智能名片不是一般的名片，而是流动的专卖店和移动的业务员，是最简单、最强大的营销拓客工具。具备强大的 AI 功能，能通过客户大数据分析，帮助门店实现精准获客，实现在线沟通、社交化的营销理念，拓展客户关系，解决营销难题。

而且用智慧 AI 名片的方式进行线上推广，不仅成本低，而且传播速度快，能快速分享到朋友圈，影响更多的潜在客户。

· 早餐店智慧名片

· "皖厨徽味"餐饮店智慧名片

3. 智慧型海报：搭建小店线上营销场所

传统的海报发出去之后，无法知道是谁看了广告，广告的效果也会因此大打折扣。但是，智慧型海报以二维码为入口，不但能扩展无限的幅面，通过插入无限量的图片、视频、文字吸引客户，更重要的是能精准追踪客户，与客户产生持续的连接。

同时，能够结合720°全景打造场景式营销，让客户在线上就能快速了解小店的环境、氛围、产品，还能通过线上小游戏的方式领取优惠券，吸引客户到店，刺激线下门店消费成交。

· 健身房智慧型海报

积极落地互联网工具，助力复商复市，为小店经营者们排忧解难，帮扶临街店铺实现疫后重建，让他们生存下去、发展起来。这是春风行动的使命，也是广告人义不容辞的责任。

移动互联网时代：广告链接一切

核心观点八

传统企业的许多创新是营销的创新，而非产品本身。营销创新主要是广告的创新。

这是本书的最后一个核心观点。真正的原创性创新大多数大企业才能完成，连腾讯都讲自己是微创新。到今天，我们的芯片企业还没有生产出真正属于自己的芯片。所以说，原创性创新对于大企业来讲都非常艰难，更不要说小企业了。比如，说矿泉水能如何创新，包子如何创新，最多是多调几种馅，这都不能算作创新，只能称为产品的多样化和花样化。做个鞋也很难创新，最多是皮质好一点、工艺好一点，这些不叫创新。

创新是什么？比如，刮胡刀，过去，我们使用的是一片式的刮胡刀，后来吉列生产出锋隐 5 系列，有五片刀片，这叫创新，它使用了独特的科技技术，让五片刀片完美地组合，大大提升男士刮胡子的体验，而且产品也非常耐用。

举几个例子大家可能更容易理解。可口可乐有 100 多年的历史，但它的配方从未改变。所以，如果说可口可乐在玩产品创新，那么它从来都没有过创新，这 100 多年都没有创新过，如果创新就不值钱了，可口可乐就是因为现在这个秘方，才能值那么多钱。可口可乐的产品本身虽然没有创新，可乐的味道始终都是一样的，但是它的包装在不断进行颠覆性创新。可口可乐从 2014 年开始玩包装营销的创新，标签上做二维码，做互动营销，一直到今天，每一年都有新的花样，做得非常棒。

最近可口可乐做的营销案例，是用支付宝的 AR 功能去扫一个互动场景。我发现虽然可口可乐的营销意识很强，但是为它提供二维码服务的公司和广告公司应该是很不专业的，因为二维码扫不出来。2019 年，我用美团的 VR 扫也扫不出来。什么原因呢？因为可乐瓶是曲面的，印刷的时候二维码图案产生异形变化，最终就会导致扫不出来。主要原因还是不专业，可口可乐只知道要做二维码的互动营销，但是不懂怎么去做，而且选用支付宝来扫，很多人打开支付宝都找不着"扫一扫"，因为绝大部分中国人都是用微信来扫二维码的，很少用支付宝，更不要说用支付宝的 AR 去扫，连入口都找不到。所以，这算是一个失败的营销案例。

我专门研究各种各样的包装营销、卖场营销，我会第一时间从一大堆的包装中找出一个具备营销功能和营销意识的包装，能够从一大堆的产品中一眼发现哪怕是有那么一点点营销感觉的产品，然后迅速去查看体验。首先，我会很惊喜，他们居然有这样的营销意识；其次，我会找问题，深入剖析问题出在哪里。比如，从二维码具有的三大要素出发：

引导话术、所见即所得的内容、醒目的印刷位置。

可口可乐一直在做的是标签的创新，因此，我的核心观点是，中小企业就要进行营销创新，而营销是通过广告开始的。所谓营销创新就是广告创新，所以可口可乐的产品本身没有创新，完全是在进行营销创新。前文讲过农夫山泉不懂营销，它确实不懂营销。农夫山泉占有全中国最大的水产品的消费份额，所以农夫山泉未来一定要像可口可乐一样，靠包装的标签来赚钱。靠卖水虽然创造的市值很高，但是缺少核心竞争力，形成不了新的生产关系。未来赚钱的模式一定是靠形成生产关系，一定要借助移动互联网工具来创建生产关系。广告的价值、标签创新的价值，就是在标签上做入口，从而形成新的生产关系。这个要素一定要理解透彻。

因此，我们经营的从来都不是产品，客户消费的是产品本身，而作为商家要想持续盈利，要想让产品实现持续销售，在保证品质的基础之上，我们要去研究标签如何结合移动互联网工具进行创新。比如，一年生产5亿支水，怎么利用二维码把这5亿支水的包装连接成一个平台。又如，中国是世界上最大的茶叶生产国，也几乎是世界上最大的茶叶消费国，那么多茶叶的小包装，一袋一袋的，为什么就不能把这些包装变成广告的载体和入口？因为经营者不懂这种营销模式，他们只是在研究怎么把茶炒好，怎么把茶做好，花时间创造茶的概念，如这种茶生长在海拔1200米的地方，这种茶产自冰岛村，等等，而不去研究产品本身所能承载和创造的衍生价值，包括小罐茶也没做好。小罐茶虽然在包装罐上放了二维码，但是它在创建客户链接关系上完全没有概念。

又如，最近比较火的小袋包装的干果。小包装非常适合做广告载体，我们既要把它变成美味的食品，也要把它变成广告的资源平台。未来所有的商品包装，特别是快消品，一定会变成广告的资源平台。

所以，所有的传统企业都要去研究，在保证产品品质的前提之下，怎么让包装裂变成广告连接平台的载体和入口，最终通过所有的包装连接成你的私域流量池，变成私域流量池中的入口。一定要明白，市场上流通的不仅是企业的产品，更重要的是产品的包装，把这一点理解到位，传统企业要做好营销易如反掌。

汇源果汁如何"起死回生"

2021开年,汇源果汁黯然退市。这个曾经连续霸榜国内饮料市场的"国民果汁",如今却黯然收场,着实令人唏嘘不已。反观可口可乐,这家公司存活了100多年,是名副其实的百年传奇品牌,相比之下,汇源果汁的生命周期显得非常短。

难道是因为可口可乐比汇源果汁好喝吗?事实上,很多人第一次喝可口可乐的时候并不会觉得它有多好喝。可口可乐一路杀到今天依然占据饮品界"大哥"的位置,关键在于它的营销绝对走心,能抓住消费者的心。反观汇源果汁,营销套路老旧,在新媒体营销大行其道的时候,汇源果汁仍然延续着惯性思维,广告投放仍以电视为主,越来越远离年轻消费者的眼球。

何为"走心"的营销呢?我给大家分享饮料快消行业营销四招,看汇源果汁如何"起死回生"。

1. 打造消费者参与入口

在如今的移动互联网时代,没有人能否认二维码的价值,手机支付需要二维码,游戏互动需要二维码,加好友也需要二维码,广告营销更需要二维码……二维码连接了商家与消费者。

可口可乐是饮料市场上较早使用二维码的企业,在业绩连年下滑的时候,可口可乐在启用了一物一码技术后实现了销量倍增。

所以说,二维码是移动互联网时代的入口,汇源果汁需要二维码来与消费者产生链接。

2. 定制产品

格兰仕、汇源果汁出问题,其本质都是没有自己的客户。中国制造业的思维是从产品卖出的那一刻起，跟客户之间就没有任何关系，客户还是淘宝、天猫的。所以，定制产品不仅仅是指定制简单的 logo，而是要定制它的文化传播系统。汇源果汁要"起死回生"必须建立自己的饮料平台，通过产品把客户引进自己的流量池里，再输出客户资源进行双向盈利。

3. 打造广告的载体和入口

当汇源果汁市场基数足够庞大时，可以依靠生产关系来赚钱，也就是我们所说的跨界合作。举个例子，汇源果汁可以选择和叮咚买菜合作，在饮料的所有包装上放入叮咚买菜的二维码下载入口，然后根据有效客户去获取佣金或者提成，这样做也许会比卖产品本身利润更高。

4. 广告平台和广告流量的输送

打造专属于汇源果汁的 App，然后通过跨界合作的形式，让想入驻的商家进去。比如，健康大米等，通过输送平台和客户资源获利。

结语：

饮料行业的机会很大，一旦做出来利润率很高。它不像手机等领域变化那么快，尽管不断有新的产品涌出，但大单品都有较长的生命周期。智慧型包装物会成为快消品未来生存的核心手段，流量池会成为他们重要的利润来源。学会这些，就可以在食品饮料行业长期赚钱。

营销案例集篇

- 餐饮企业灾后重建魔方：揭秘餐饮行业自救三招
- 在移动互联网时代，包装物就是营销渠道
- 没有疫情危机，只有经营场景和经营哲学的转变

餐饮企业灾后重建魔方：
揭秘餐饮行业自救三招

每一个传统企业的老板，必须自己掌握公司的发展命运。实际上在这次疫情当中，根本不存在危机，因为这个社会没有经济危机和经营危机，只有经营场景和经营哲学的转变。只有不断地迎合市场的需求，或者说准确预知市场未来的发展方向，才能在各种各样的场景下生存。

疫情让很多传统行业对营销的认知产生警醒，过去那种温水煮青蛙的状态，认为"天塌下来个子高的顶着"，最后发现天塌下来谁也顶不着，只能自己顶着。能活的照样能活，活不下来的、该倒闭的都倒闭了。

疫情发展到今天，大量传统企业倒闭，特别是餐饮行业面临着巨大的危机。餐饮行业作为中国衣食住行中重要的组成部分，也是大量的传统行业生存所系，更是广告快印企业服务的重点客户。所以，我从下面三个角度跟大家分享餐饮行业灾后重建，包括未来持续的生存方式应该是怎样的。

1. 餐饮行业生存现状分析

疫情期间，免疫力又一次进入人们的视野中。我讲得最多的词是"免疫力"，即自身防疫系统。

整个餐饮行业严重依赖于外部，很少有餐饮企业建立自身的免疫系统，100家餐饮企业中都找不出一家来，这是中国餐饮行业的现状。美团为什么能生存？饿了么为什么能生存？就算没有疫情，餐饮企业本身也活得非常艰难，一大半利润给了互联网平台。

你在店里贴上美团等团购网站的海报，上面写着首单免22元，客户坐在店里看到这个海报，然后扫码下载这些网站的App，你就已经拱手把客户送给了这些团购网站，你的这些客户就变成了他们的客户，把钱付给了他们。他们就是这样通过一个小小的偷梁换柱的方法，把你的客户轻松地抢走了。

通过这次疫情，中国传统企业最大的醒悟是得学会自己活着。而餐饮企业则严重依赖于外部，没有建立起自身的免疫系统，所以当灾难来临时，自己就把自己打败了，不是因为竞争对手，其根本原因是缺乏客户。

2. 企业自救案例

餐饮企业要把进店的客户转化为可控制的数据，在任何时候都能唤醒。深圳的餐饮连锁企业农耕记，在没有疫情的时候已经学会互联网互动营销模式，疫情期间则通过互联网的手段实现获客，把用户积攒在手里，通过净菜到家（就是把各样菜都配好），然后在App、微信群等渠道发布视频教大家做菜，既吸引客户，又创造销售额，实现自救。

这种方式其实不难，为什么农耕记可以做到，而其他的餐饮企业却做不到？因为没有真正的客户。虽然每天顾客盈门，但那都不是你的客户，那是过客，特别是那些互联网平台带来的客户，和你更是没有任何关系。通过这次疫情，传统企业应该得到真正的启示，就是一定要牢牢把握自己忠诚的客户，一定要有手段和客户创建链接，无法互动的客户是没有意义的。

教客户做菜本来就是餐厅的优势，如果你有一万个客户的ID，就可以组建微信群，教他们做菜，推荐套餐，发优惠券，等等。

3. 餐饮行业应该如何自救

第一步：精准获客。

每一个到店里吃饭的人，都得知道他是谁，这就叫作获得客户的ID。在互联网时代，我们拥有很多"替身"，如微信号、抖音号、头条号、QQ、E-mail、手机号等。你用微信看我的课程，就是你的微信ID在跟我沟通。互联网时代创造的营销场景会有很多，你必须懂移动互联网时代的规则。

精准获客是获得客户的 ID，所有的餐饮企业的营销场景都以此为唯一目的。如果你根本无法把握客户，那么当客户离开线下店时，当你的生意面临灾难需要客户时，你根本不知道客户在哪里。如何实现获客呢？我教大家三招。

第一招：电子优惠券。记住，一定是电子优惠券，不是印的传统优惠券。发优惠券的目的是获得客户 ID，即互联网上的联络方式。客户扫二维码领电子优惠券，就得输入手机号码，这个手机号码就留在了二维码的后台，现在的手机号码大部分绑定了微信号，就可以把微信变成社群。就像钱大妈利用便捷的互联网工具打造社群营销的模式，充分发挥小店营销的威力，最终颠覆大超市。

·电子优惠券

第二招：互动中奖游戏。可以利用快印客智慧云码中的砸金蛋、刮刮卡、拔萝卜、大转盘等营销工具（砸金蛋使用率最高）实现。餐饮店可以邀请到店客户砸金蛋，砸开就能中奖，如获得本店的人气菜品。记住，一定要设置100%中奖，99%都不行，而且这些菜品必须用真实、漂亮的图片进行展示。传统企业一定要有诚信和信誉，不然丢掉的就是多年苦心经营的客户。

· 扫码体验砸金蛋

第三招：分享营销。把来餐厅吃饭的客户变成餐厅的"代言人"（比如，充值300元），让客户把砸金蛋的游戏、活动文案、海报等分享到朋友圈，带动身边更多的朋友来餐厅吃饭，裂变更多的渠道。这些客户成为代言人之后，生成分享营销的海报发到朋友圈，只要有朋友到店里来吃饭，就可以获得一笔推荐佣金，或者餐厅给予其积分，达到一定数量后可以免费兑换菜品。所以，传统企业的营销是从线下开始的，然后实现线上、线下的互动营销。

第二步：建立私域流量。

私域流量最常见的体现方式是社群营销，其根本是把人聚合在一起

建群，然后在群里发优惠券，教大家做菜。我相信所有开饭店的老板，无论是什么知识水平，都会使用微信，都会建群。那建群之后怎么办呢？一是做群主，合理管理群。比如，建立严格的群规，不允许乱发广告，谁乱发就被踢掉。二是保持群的活跃度，发布与生意有关系的信息。比如，特色菜的教学视频，一天一个特价菜，并且不断地用优惠券和线上中奖的方式巩固群。

第三步：共享资源。

第一步和第二步帮门店摆脱线下单一经营的模式。这次疫情给大家带来一个共识，就是如果你的经营方式和经营场所只是线下店，那么离开线下店就很难生存。就算疫情毁不了你，别的情况也可能毁掉你，所以要防患于未然。因此，互联网下餐饮企业除了要有线下的实体店，还需要一个线上的虚拟店。如果线下实体店不能营业，那么线上的虚拟店可以跟客户持续地创建链接。而有了精准识别客户的工具，才能打造流量池，流量池与你的虚拟店相融合，用虚拟店来服务虚拟客户。今天在网上购物，其实是虚拟身份在购物，是流量池在产生作用。

摆脱单一门店除了拥有真正的客户，还要学会共享资源。

第一，商家联盟。如果你跟海底捞有关系，那么海底捞的客户就可以为你所用。客户是一种生产资料，通过独特的生产力转化为新的生产关系，这种独特的生产力就是互联网。通过二维码的连接，将客户转为为新的生产关系，反过来又可以转化为新的商品，不一定非得消费自己的商品，可以向别人输出客户转化为利润，得到佣金，这就是移动互联网时代的分享营销。

如果一家餐饮店拥有流量池，客户就可以输出给别的企业，如房地产、健身中心等。疫情下，这些行业基本都缺少客户，如果在疫情没有来之前，就按照我的这套方法走，问题就会迎刃而解。你能打造一个真正的流量池，所有人都需要你的客户，你反而能把别人的客户变成你的客户。

第二，协会资源。很多企业老板都会参加各种各样的商协会组织，怎样把这些商协会的资源为我所用？"牛云说营销"里有一节专门的课程"商协会如何整合资源"做了详细的分析。

第三，广告投放。疫情下大家都不能出去，餐饮店可以在社区投放广告，大家扫码就能购买套餐。很多广告店在疫情期间都是这么做的，然后建立社群，教大家做菜，实现互动，产生二次消费。再通过这些群成员做分享营销，拉更多人进群实现裂变。

2020年疫情期间，武汉还没有解封的时候，武汉码客汀利用疫情登记表制作了"采购二维码"，居民扫码就能在线选择要买的套餐，提交后社区统一配送到指定的安全位置，居民自行提取。这大大方便了社区居民的生活，让他们安心待在家里，减少出门次数，为打赢抗疫攻坚战贡献力量。

• 采购二维码海报（仅供体验）

结语：

餐饮行业想要自救，最简单、最有效的方法是把已成交客户变为渠道，利用创新的营销模式和互联网技术工具让业绩倍增。此次疫情是对餐饮行业抗风险能力的一次"阅兵"。自救在前，他救在后。改变营销思维和模式，将危机变成转机，经受住，熬过去，将会迎来"报复性"增长。

在移动互联网时代，包装就是营销渠道

任何一个行业都有包装，所有的产品，如水果、干果、酒水、服装等都有包装。下面，我从四个角度解读在移动互联网时代，包装物就是营销渠道。

一、包装要跳开"好看"的境界

过去，人们对包装物的传统认知就是"好看"的认知，包装物的价值就是好看。一般人说好看就是好看，没有特别的标准。懂艺术的人会设计得高雅，接地气的人会设计得鲜艳、直观。没有意识到包装的核心价值并不是展示"好看"的一面，而应该随着移动互联网的发展，认识到包装就是营销渠道。

包装不能停留在单一的美学价值的基础之上。淘宝、拼多多、京东只是搭建了一个平台，并不生产任何东西，不具备真正的营销概念，所以淘宝的理念是便宜，京东给人的印象就是家电专场，在这里买的产品绝对都是真的，但是，也只能给消费者专业的感觉，本身并不懂营销。也就是说，你的产品没有办法在这些大的电商平台得到营销指导和指引，只能借助平台的流量贩卖商品。当你的产品离开这些平台之后，有没有价值，能卖多少，和平台没有任何关联。比如，你以前在淘宝做到行业"第一"的品牌，后来不跟淘宝合作了，你到线下开店，和别人讲你是淘宝"第一"品牌，绝对没有任何效果，因为到线下店来买东西的客户根本就不是在淘宝上买东西的那一拨人。

我一直跟我的员工和加盟店强调，为什么要在快印客工作，为什么要加盟快印客旗下的码客汀和保时客连锁品牌，因为可以让你获得生存的本领，颠覆认知边界，用在快印客学习到的本领去创业，养家糊口，运用新营销帮助客户创建链接。

不能把包装单一地理解为好看，包装还应该好用，有价值转换的能力和持续连接的能力，这才是包装物的开发方向。所以，做任何产品，如一个水杯，别人看到觉得很好，想买，但是包装早已找不到，不知道是什么品牌，这就是检验生产者是否具备营销智慧的时候了。如果生产者不懂移动互联网以及移动互联网时代的获客法则，不懂技术营销工具，还停留在把杯子的品质做好就可以的阶段，那就无法产生二次营销。

二、让包装开口讲话，成为二次营销的起点

我有个学生，在呼和浩特有超过一半的饭店都是他的客户。这个学生在走进我的课堂之前，只是给饭店印刷三联单，上了我的课后顿悟，在当地最大的厨具批发市场二楼开了一家广告店，主要是针对以前的饭店客户做营销型印刷品和智慧型包装物，向饭店推荐将原来的菜谱升级为营销型菜谱，将门头升级为智慧型门头，将优惠券升级为电子优惠券，将桌子上的台卡由单一的菜品饮料的展示变成互动营销的入口，在纸巾盒上印二维码，客户扫码可以领取优惠券。

当地有很多饭店的主营业务是卖烤羊腿，如果卖到全国各地，需要真空包装，然后用包装盒快递。一个包装盒的价格大致为8～9元，当然，不同的纸张和工艺价格也不一样。但是，找我这个学生做烤羊腿的包装不要钱！那怎么实现盈利呢？他在包装盒上印一个二维码，扫码教你烤羊腿怎么吃，买了羊腿的客户一定会去扫，二维码里还可以领取优惠券，分享给朋友，他的朋友领取一张30元的优惠券，就很有可能购买烤羊腿。只要有人购买了，广告公司就能获得返佣，这样包装就变成了

二次营销的起点。通过这种方式,就能实现躺着赚钱,因为广告公司一年还会做其他的包装。比如,做橙子包装可以赚 2 万元,做山药包装可以赚 8000 元,做土豆包装可以赚 9000 元,等等。

我有个云南的学生,帮助当地政府做扶贫项目,利用快印客的扶贫技术应用帮助农户卖农产品。农民很难自己去卖,那么广告店帮他们卖。快印客在全国拥有很多加盟店,一轮分享下来,可能土豆都可以卖几万斤。还可以联系烧烤店的客户,一家烧烤店一个晚上就可能卖 100 斤烤土豆片。通过这些模式,可以把包装转化为渠道,让包装开口讲话,让包装成为流动的专卖店和移动的业务员,让包装成为二次营销的起点,变成获客的入口。

营销一定要基于这样的思考,所有带有包装物和标签的产品都要这样做。如果玩品牌,肯定玩不过那些大企业,唯一能超越他们的只有体验。比如,一家美容产品的公司,可以把美容的相关知识、产品的使用方法等内容植入二维码中,再印到产品的包装上,可以做很多种包装,可能超过 100 种,然后通过一种包装链接更多产品。

传统企业的创新基本都是营销的创新,而所有的营销都是通过广告来体现的。我认为可口可乐的包装物创新做得最为出色,我从 2012 年开始讲智慧型包装物,可口可乐从 2014 年开始做二维码营销活动,到今天都做得非常好,而可乐的口味 100 多年都没有改变过。相反,汇源果汁却因为不懂营销,最终落得退市的结果。

三、要让包装成为更多产品的销售入口和共享入口

如何利用一种产品的包装带出其他的产品?比如,化妆品公司可能生产 30 种化妆品。如果客户买了一瓶眼霜,就要通过这瓶眼霜把另外 29 种产品带出来。又如,一家航空公司给乘客发干果,干果的包装上可以放二维码,链接其他干果产品,把每一个包装裂变为一个入口链接。又如,上面提到的烤羊腿的包装,还可以通过二维码链接奶片、牛肉干、

羊肚等,甚至是草原一日游,可以链接很多内容。

因此,产品上有二维码非常重要,可以突破幅面的限制,可以变成互动的入口,可以成为获客的通道。在移动互联网时代,没有二维码的广告都是无效广告。比如,手抓羊肉的智慧包装袋,扫描包装袋上方的二维码会出现一个视频,讲解手抓羊肉的吃法以及制作车间的环境,告诉人们这里的羊肉不但好吃,而且非常卫生和安全,让消费者产生购买的欲望。而传统的包装幅面有限,不可能植入视频和无限的图片。扫描下方的二维码则能进入企业商城,里面有各种各样的产品,可以在线购买。这样的包装袋就是企业的分店、企业的业务员。

- 牛羊肉企业智慧包装

四、包装是链接消费者的结点,最终变成消费者的资源平台

包装是链接客户的基础,因为包装在人们的生活中非常重要,互联网时代没有让包装减少,只是大部分包装都停留在家里或者送到公司,所以包装未来的关系是链接,是平台链接的结点,任何行业的终极产品到最后都是客户关系,绝非产品本身,产品只为创建客户链接,而产品的体现形式就是包装。

包装包括广义的包装和狭义的包装。广义的包装可以理解成产品的广告宣传模式。比如,海底捞就餐环境中的桌布、台卡、菜谱、纸巾都是包装,不要把包装简单理解为产品外面套的一个盒子。狭义的包装才指的是具体的包装物。因此,所有行业的广告都可以理解为这个行业的包装。比如,美容美发店的包装包括门头、会员卡、优惠券,包装是用来获客、用来做营销的矩阵和共享的。

• 美容店智慧门头

- 智慧台卡

- 智慧菜谱

· 石碾小米智慧包装,"码"上去产地

· 蜂蜜智慧包装,扫码购买分享获佣金

结语:

当有一天,中国的传统企业都具备这样的包装营销思维,真正的营销思维才能发展起来。线下店卖出一万个产品,那这些产品利用包装就成为一万家分店,你或许不可能开一万家分店,但是这个包装会变成一万家分店,所以,智慧型包装必将引领中国制造业和商业的未来。

没有疫情危机，只有经营场景和经营哲学的转变

疫情之下，营销到底要怎么做？其实这是一个伪命题。从 2015 年开始，中国的传统经济就已经在下滑，而 2015 年没有疫情。2019 年滑得更厉害，2019 年也没有疫情。本来以为 2020 年能翻一下身，结果疫情来了，更是雪上加霜。很多媒体都在发布企业倒闭的信息，创业失败的阴霾笼罩着每一个人。那么，是否真的如市场所言这般艰难，面临各种各样的市场危机？传统企业应该怎样转危为机？

我的绝大部分学生都是广告快印店的老板，因为广告这个行业非常特殊，它背后连接着中国所有的传统企业的广告营销，传统企业背后就是中国约 14 亿消费者，没有任何一个行业可以脱离广告。

例如，开店一定要做门头，有人会说我开淘宝店就没有门头。但是，淘宝店也需要包装，包装里还会放张卡片，上面写着如："亲爱的顾客，我创业很艰难，如果您有投诉，请不要在淘宝投诉。您直接跟我说，我免费给您换货。"还要送一大堆名片、优惠券、小型笔记本等。

世界上只要有商品和财富的流动，广告就不可或缺，而且还是最重要的入口。特别对于线下店来讲，互联网行业同样需要大量的广告物料。所以，无论互联网还是实体店，没有人可以脱离广告而独立生存。如果你觉得生意艰难，那一定是广告出了问题。下面五点带传统企业突破认知，真正理解客户在哪里，从而走出营销困境。

1. 正确认知客户

过去客户是数量，现在是数字。我经常讲营销三部曲理论，把未知

客户变为已知客户,把已知客户变为消费者,把消费者变为渠道。

(1) 客户是数字ID。在移动互联网时代,通过广告结合二维码打造营销入口,所有客户都通过这个入口变成ID,最终引导客户到店变成店铺的"已知客户"。

因此,能够帮助客户精准获客的广告公司才是真正的广告公司,而不是简单地把VI海报做得很漂亮,把Logo设计得很漂亮,把海报设计得很唯美。今天移动互联网下的营销应该是"简单粗暴+二维码纵深营销",唯一目的就是获客,精准获客,并且引导客户到店,其他广告没有这样的效果,所以真正的客户是数字,不是数量。

(2) 重视客户关系。客户关系是一种商品,就是说带给我们财富的不仅仅是客户,客户的链接关系也是一种财富。任何行业的终极产品都是客户关系,所有的产品只为创建客户链接,企业能彼此共享客户链接促成更多交易,还可以发展佣金分成等营销玩法,实现多方共赢。

·新广告与传统广告在"获客"层面的区别

2. 正确认知店铺

我从2015年开始解读《政府工作报告》,从中挖掘广告行业的商机,并为广告店解读下一阶段的产品是什么,如何通过广告的创新来实现落地。近几年,在快印客的引导下,很多广告店紧跟趋势,做了互联网,智慧党建、互联网+精准扶贫、互联网+智慧乡村、智慧垃圾分类、扫黑除恶等解决方案。

· 互联网+智慧乡村

所以,今天的店铺不只是一个买卖的场所,需要成为能够进行线上、线下的互动营销场景,线下的传统店铺要生存,就必须打造私域流量池,让每一个进店的客户都留下 ID,利用移动互联网工具组建社群,拥有自己独立的线上、线下获客体系,把原来线下店存续期间的每一个到店客户转变为线上客户,摆脱互联网大平台的控制。

3. 正确认知广告

传统企业的广告要进入店铺才能看到,比如,我经常去的那家理发店,要进去才能看到各种新产品和套餐的推荐,所以传统企业的广告要进入店铺才能产生影响力。而今天的广告要学会周边拓客,对于传统店铺来说,物业、社区永远是最重要的拓客终端渠道。

早在 2013 年,我就提出一个理论,叫作电商的最后一米商圈。那时还没有菜鸟物流,主要讲的是物流配送。电商的最终胜利取决于谁具备最后终端的配货能力,谁控制了物业谁就赢得话语权,今天验证了我的这个理论。社区的自提柜就是最后一米商圈,甚至我当时准确地预言"自提柜"(当时还没有这个词,我说的是占领物业的收发室),把货放在收发室里,居民回家的时候可以在收发室领取,并设想在门上放一个二维码,用手机一扫就能提示你有没有包裹。当然,现在的自提柜功能非常先进,但也是按照我提的方向在发展。

所以,一定有人可以预知未来,就像马斯克很多年以前就说要做脑机接口,人类要移民到火星去,但是没人相信。其实早在2015年,马斯克已经放出豪言,要在2030年开展第一批火星移民计划,向火星移民1000万。以前不敢想象的事情即将变成事实。科技拥有无限的潜能,所以一定要敬畏这个时代、敬畏技术,不要一味地排斥,而要学会如何为我所用。

物业和社区对周边拓客非常重要,疫情下大家可能去不了商超,但是不影响与外界的交流。比如,在社区做一个带二维码的海报,人们扫码可以领优惠券,可以获得做菜的方法,那么这个广告就变成了线上的分店,二维码所到之处就是分店所到之处,还能获取客户的ID,实现精准获客。我们要通过这种广告创新的手段让店铺"分身",更大范围地覆盖到潜在消费人群中,这是目前的广告营销之道。

·社区电梯二维码海报

4. 正确认知营销

营销和店铺相呼应，线下店铺要通过营销来获客。店铺有线上、线下的店铺，那么营销也要有线上、线下的营销。传统企业在做电商的时候经常会失败，因为大部分传统企业不具备移动互联网的思维。就像当年的"腾百万"计划，万达对移动互联网时代的认知还停留在网上购物的概念，不懂得如何依靠线下万达店的优势，借助写字楼背后商户之间的链接关系，将线下与线上进行呼应，而是抛开线下的店铺去建立独立的线上商城系统，失败在所难免。

对于营销来讲，线下店铺应该做好客户体验，线上店铺要创造链接和持续的营销。线上、线下的互动营销关系是什么？首先获客是从线下开始的，将线下体验的客户引流到线上，再在线上建立社群，利用互联网技术营销工具（比如，在社群里发放优惠券）维系客户，持续影响客户。一旦有新品推出，一定要把客户从线上拉回线下，万万不能有"线下是起点，线上是终点"的营销思路，永远要记住起点和终点是相对的，线下、线上是用来连接和呼应的。因此，线下店铺要打造成体验中心、分享中心、网红打卡地。

5. 正确认知客户的渠道价值

客户和客户关系都有商品价值，一家企业特别是传统的线下实体企业，它的生存能力就是取决于把客户转变为渠道的能力，怎样把客户转化为渠道，借由单个客户分享传播给更多的潜在客户。比如，饭店如何把业绩做好，如何让每一个到饭店吃饭的人再带来一桌客人；开发商如何把房子卖出去，每一个在这里买房的人能不能再带来另外一个买房的人，恒大就是这么做的，这才是传统企业源源不断的生命力。

结语：

很多人认为疫情影响了生意，其实疫情只是将以前就积蓄的问题放大、突出，真正影响生意的是你被认知边界束缚，以及早已固化了的落伍的旧营销思维。